NÃO LUGARES
INTRODUÇÃO A UMA
ANTROPOLOGIA DA
SUPERMODERNIDADE

MARC AUGÉ

tradução
Maria Lúcia Pereira

NÃO LUGARES
INTRODUÇÃO A UMA ANTROPOLOGIA DA SUPERMODERNIDADE

PAPIRUS EDITORA

Título original em francês: *Non-lieux:*
Introduction à une anthropologie de la surmodernité
© Éditions du Seuil, 1992

Tradução	Maria Lúcia Pereira
Capa	Fernando Cornacchia
Copidesque	Mônica Saddy Martins
Revisão	Ademar Lopes Jr. e Juliana Bôa

Dados Internacionais de Catalogação na Publicação (CIP)
(Câmara Brasileira do Livro, SP, Brasil)

Augé, Marc
    Não lugares: Introdução a uma antropologia da supermodernidade/
Marc Augé; tradução Maria Lúcia Pereira. – 9ª ed. – Campinas, SP:
Papirus, 2012.

Título original: Non-lieux: Introduction à une anthropologie de la
surmodernité.
Bibliografia.
ISBN 978-85-308-0291-2

1. Antropologia 2. Etnografia 3. Pesquisa antropológica I. Título.

12-03156   CDD-301.072

Índice para catálogo sistemático:

1. Pesquisa antropológica   301.072

9ª Edição – 2012
13ª Reimpressão – 2025

Exceto no caso
de citações, a
grafia deste livro
está atualizada
segundo o Acordo
Ortográfico da
Língua Portuguesa
adotado no Brasil
a partir de 2009.

Proibida a reprodução total ou parcial da obra de acordo com a lei 9.610/98.
Editora afiliada à Associação Brasileira dos Direitos Reprográficos (ABDR).

DIREITOS RESERVADOS PARA A LÍNGUA PORTUGUESA:
© M.R. Cornacchia Editora Ltda. – Papirus Editora
R. Barata Ribeiro, 79, sala 316 – CEP 13023-030 – Vila Itapura
Fone: (19) 3790-1300 – Campinas – São Paulo – Brasil
E-mail: editora@papirus.com.br – www.papirus.com.br

SUMÁRIO

PRÓLOGO	7
O PRÓXIMO E O DISTANTE	13
O LUGAR ANTROPOLÓGICO	43
DOS LUGARES AOS NÃO LUGARES	71
EPÍLOGO	107
ALGUMAS REFERÊNCIAS	111

PRÓLOGO

Antes de pegar o seu carro, Pierre Dupont quis tirar dinheiro no caixa eletrônico. A máquina aceitou seu cartão e autorizou-o a retirar 1.800 francos. Pierre Dupont digitou, então, as teclas que compuseram 1.800. A máquina solicitou-lhe um minuto de paciência e depois liberou a quantia combinada lembrando-o de pegar o cartão. "Obrigada e volte sempre", concluiu ela, enquanto Pierre Dupont arrumava as notas na carteira.

O trajeto foi fácil: descer até Paris pela autoestrada A 11 não apresenta problemas numa manhã de domingo. Ele não teve que esperar o acesso, pagou com cartão de crédito no pedágio de Dourdan, contornou Paris pela marginal e chegou a Roissy pela A 1.

Estacionou no $2^{\underline{o}}$ subsolo (ala J), guardou seu cartão de estacionamento na carteira e depois dirigiu-se aos balcões de embarque da Air France. Livrou-se com alívio de sua mala (20 quilos exatos), entregou a passagem à agente do tráfego, perguntando-lhe se poderia ocupar um lugar de fumante no corredor. Sorridente e em silêncio, ela concordou com um aceno de cabeça, após haver verificado no computador, e depois lhe devolveu a passagem e o cartão de embarque. "Portão de embarque B às 18 horas", precisou ela.

Ele se apresentou antecipadamente ao controle de polícia para fazer umas compras no *duty-free*. Comprou uma garrafa de conhaque (uma lembrança da França para seus clientes asiáticos) e uma caixa de charutos (para seu próprio consumo). Tomou o cuidado de pôr a nota junto do cartão de crédito.

Percorreu com o olhar, por um momento, as vitrines luxuosas — joias, roupas, perfumes —, parou na livraria, folheou algumas revistas antes de escolher um livro fácil — viagem, aventura, espionagem —, e depois retomou sem impaciência seu passeio.

Saboreava a impressão de liberdade que lhe davam, ao mesmo tempo, o fato de haver-se livrado da bagagem e, mais intimamente, a certeza de não ter mais que aguardar a sequência dos acontecimentos, agora que ele se "enquadrara", colocara no bolso o cartão de embarque e declinara sua identidade. "A nós dois, Roissy!" Hoje, não é nos locais superpopulosos, onde se cruzam, ignorando-se, milhares de itinerários individuais, que subsiste algo do encanto vago dos terrenos baldios e dos canteiros de obras, das estações e das salas de espera, onde os passos se perdem, de todos os lugares de acaso e de encontro, onde se pode sentir de maneira fugidia a possibilidade mantida da aventura, o sentido de que só se tem que "deixar acontecer"?

O embarque deu-se sem problemas. Os passageiros cujo cartão de embarque tinha a letra Z foram convidados a se apresentar por último e ele assistiu, divertindo-se ligeiramente, aos leves e inúteis empurrões dos X e Y na saída da passarela de embarque.

Aguardando a decolagem e a distribuição dos jornais, folheou a revista da companhia aérea e imaginou, acompanhando-o com o dedo, o possível itinerário da viagem: Heraklion, Larnaca, Beirute, Dharan, Dubai, Bombaim, Bangcoc — mais de 9.000 quilômetros num piscar de olhos e alguns nomes dos quais se ouve falar de tempos em tempos na atualidade.

Lançou um olhar na tarifa de bordo livre de impostos (*duty-free price list*), verificou que aceitavam cartões de crédito nos voos de longo curso, leu com satisfação as vantagens que apresentava a classe "executiva", da qual a generosidade inteligente de sua firma o fazia gozar ("No Charles de Gaulle 2 e em Nova York, salões Le Club permitem que você relaxe, telefone, mande um fax ou use um *minitel**... Além de uma recepção personalizada e de atenção constante, o novo assento Espaço 2000, que equipa os voos de longo curso, foi concebido mais amplo, com encosto e apoio para a cabeça reguláveis separadamente..."). Concedeu um pouco de atenção ao quadro de comando digital de seu assento Espaço 2000, depois mergulhou novamente nos anúncios da revista, admirando o perfil aerodinâmico de alguns trens, algumas fotos dos grandes hotéis de uma cadeia internacional, apresentados de maneira meio pomposa

---

* O *minitel* é um serviço de microcomputador acoplado ao telefone que permite o acesso a fontes de informações oficiais e particulares de todo tipo. (N.T.)

como "os lugares da civilização" (La Mammounia, em Marrakesh, "que foi palácio antes de ser *palace*"; o Metrópole, de Bruxelas, "onde os esplendores do século XIX permaneceram bem vivos"). Depois, caiu num anúncio de um carro que tinha o mesmo nome que sua poltrona, Renault Espace: "Um dia, a necessidade de espaço se faz sentir... Isto nos pega de surpresa. Depois, não nos larga mais. O irresistível desejo de ter um espaço para si. Um espaço móvel que nos leve para longe. Teríamos tudo à mão e não nos faltaria nada..." Como no avião, em suma. "O espaço já está em você... Nunca se esteve tão em terra quanto no Espaço", concluía agradavelmente o anúncio.

Eles já estavam decolando. Folheou mais rapidamente o resto da revista, concedendo alguns segundos a um artigo sobre "o hipopótamo, senhor do rio" que começava por uma evocação da África "berço das lendas" e "continente da magia e dos sortilégios", deu uma olhada numa reportagem sobre Bolonha ("Em toda parte, pode-se ficar apaixonado, mas em Bolonha fica-se apaixonado pela cidade"). Um anúncio em inglês de um *videomovie* japonês reteve por um instante a sua atenção ("*Vivid colors, vibrant sound and non-stop action. Make them yours forever*") pelo brilho de suas cores. Um refrão de Trenet vinha-lhe com frequência à mente desde que, no meio da tarde, ele o ouvira no rádio, na estrada, e disse para si mesmo que sua alusão à "*photo, vieille photo de ma jeunesse*"[*] logo não faria mais sentido para as gerações futuras. As cores do presente para sempre: a câmera congeladora. Um anúncio do cartão

---

[*] "Foto, velha foto da minha juventude". (N.T.)

Visa acabou de tranquilizá-lo ("Aceito em Dubai e onde quer que você viaje... Viaje com confiança com seu cartão Visa").

Lançou um olhar distraído a algumas resenhas de livros e deteve-se, por um instante, por interesse profissional, naquela que resumia uma obra intitulada *Euromarketing*: "A homogeneização das necessidades e dos comportamentos de consumo faz parte das fortes tendências que caracterizam o novo ambiente internacional da empresa... Com base no exame da incidência do fenômeno de globalização sobre a empresa europeia, sobre a validade e o conteúdo de um *euromarketing* e sobre as evoluções previsíveis do ambiente do *marketing* internacional, inúmeras questões são debatidas." A resenha evocava, para terminar, "as condições propícias ao desenvolvimento de um *mix* o mais estandardizado possível" e "a arquitetura de uma comunicação europeia".

Meio pensativo, Pierre Dupont guardou a revista. O aviso "*Fasten seat belt*" estava aceso. Ajustou seus fones de ouvido, sintonizou o canal 5 e deixou-se invadir pelo adágio do concerto n. 1 em dó maior de Joseph Haydn. Durante algumas horas (o tempo de sobrevoar o Mediterrâneo, o mar da Arábia e o golfo de Bengala), ele estaria, enfim, só.

O PRÓXIMO E O DISTANTE

Fala-se cada vez mais em antropologia do próximo. Um colóquio realizado em 1987 no Museu das Artes e Tradições Populares ("Antropologia social e etnologia da França"), cujas atas foram publicadas em 1989 com o título de *L'Autre et le semblable*, notava uma convergência de interesses dos etnólogos de lugares mais distantes e daqui. O colóquio e a obra situam-se explicitamente na sequência das reflexões iniciadas no colóquio de Toulouse em 1982 ("Novos caminhos da etnologia da França") e em algumas obras ou números especiais de revistas.

Isso posto, não fica evidente que, como acontece muitas vezes, a ocorrência feita de novos interesses, de novos campos de pesquisa e de convergências inéditas não se baseie, por um lado, em certos mal-entendidos, ou não os provoque. Algumas reflexões prévias sobre a antropologia do próximo podem ser úteis para a clareza do debate.

A antropologia sempre foi uma antropologia do aqui e do agora. O etnólogo em exercício é aquele que se encontra em algum lugar (seu aqui do momento) e que descreve aquilo que observa ou escuta naquele momento mesmo. Sempre se poderá questionar, em seguida, a qualidade da sua observação e as intenções, os preconceitos ou os outros fatores que condicionam a produção de seu texto; o fato é que toda etnologia supõe um testemunho direto de uma atualidade presente. O antropólogo teórico, que apela a outros testemunhos e a outros campos que não os seus, recorre a testemunhos de etnólogos, não a fontes indiretas que se esforçaria em interpretar. Mesmo o *arm chair anthropologist* que somos todos, por momentos, distingue-se do historiador que explora um documento. Os fatos que buscamos nos *files* de Murdock foram bem ou mal observados, mas o foram, e em função de itens (regras de aliança, de filiação, de herança) que são também aqueles da antropologia "de segundo grau". Tudo o que afasta da observação direta do campo afasta, também, da antropologia, e os historiadores que têm interesses antropológicos não fazem antropologia. A expressão "antropologia histórica" é, no mínimo, ambígua. A expressão "história antropológica" parece mais adequada. Um exemplo simétrico e inverso poderia ser encontrado no recurso obrigatório que os antropólogos, os africanistas, por exemplo, fazem à história, tal como, notadamente, ela se fixou na tradição oral. Todo mundo conhece a fórmula de Hampaté Ba segundo a qual, na África, um velho que morre é "uma biblioteca que se queima"; porém, o informante, velho ou não, é alguém com quem se discute e que fala menos do passado que daquilo que ele sabe ou pensa do passado. Ele não é um contemporâneo do acontecido que relata, mas o etnólogo é contemporâneo da enunciação e do enunciante. A palavra do informante vale tanto para o presente quanto para o passado. O antropólogo que tem e que deve ter interesses históricos não é, nem por isso, *stricto sensu,* um historiador. Essa observação visa apenas precisar os procedimentos e os objetos: é evidente que os trabalhos de historiadores como Ginzburg, Le Goff ou Leroy-Ladurie são do mais elevado interesse para os antropólogos, mas são trabalhos de historiadores: têm relação com o passado e passam pelo estudo de documentos. Aí está o "agora". Vamos ao "aqui". É claro que o aqui europeu, ocidental, assume todo o seu sentido em relação ao distante, antes "colonial", hoje "subdesenvolvido", que as antropologias britânica e francesa privilegiaram. Porém, a oposição do aqui e do distante (um modo de grande divisão — Europa, resto do mundo — que lembra as partidas de futebol organizadas pela Inglaterra, no tempo em que ela possuía um grande futebol: Inglaterra/resto do mundo) só pode servir de ponto de partida à oposição das duas antropologias pressupondo o que está precisamente em questão: a saber, que se trata de duas antropologias distintas.

A afirmação segundo a qual os etnólogos tendem a inclinar-se sobre a Europa por causa do fechamento dos campos distantes é contestável. Em primeiro lugar, existem possibilidades muito reais de trabalho na África, na América, na Ásia... Em segundo lugar, as razões de trabalhar sobre a Europa, em antropologia, são razões positivas. Não se trata, em caso algum, de uma antropologia por falta. E o exame dessas razões positivas é que pode nos levar precisamente a questionar a oposição Europa/lugares distantes, subjacente a algumas definições mais modernistas da etnologia europeanista.

Por trás da questão da etnologia do próximo, projeta-se, na verdade, uma dupla questão. A primeira é saber se, em seu estado atual, a etnologia da Europa pode pretender o mesmo grau de sofisticação, complexidade, conceitualização que a etnologia das sociedades distantes. A resposta a essa pergunta geralmente é afirmativa, ao menos por parte dos etnólogos europeanistas e dentro de uma perspectiva de futuro. Assim, Martine Segalen pode se congratular, na compilação anteriormente citada, de que dois etnólogos do parentesco, havendo trabalhado numa mesma região europeia, possam doravante discutir entre si "como os especialistas de determinada etnia africana", e Anthony P. Cohen ressalta que os trabalhos sobre parentesco conduzidos por Robin Fox na ilha de Tory e por Marilyn Strathern em Elmdon manifestam, por um lado, o papel central do parentesco e das estratégias que ele permite pôr em ação em "nossas" sociedades e, por outro lado, a pluralidade das culturas que coexistem num país como a atual Grã-Bretanha.

Assim colocada, devemos confessar que a questão é desconcertante: em última instância, seria preciso questionar-se seja sobre um insatisfatório poder de simbolização das sociedades europeias, seja sobre uma insatisfatória aptidão dos etnólogos europeanistas para analisar.

A segunda questão tem um alcance totalmente diferente: os fatos, as instituições, os modos de reagrupamento (de trabalho, de lazer, de residência), os modos de circulação específicos do mundo contemporâneo são passíveis de um olhar antropológico? Em primeiro lugar, essa questão não se coloca unicamente, longe disso, a propósito da Europa. Quem tiver uma certa experiência em África, por exemplo, sabe bem que toda abordagem antropológica global, aí, deve levar em consideração uma enorme quantidade de elementos em interação, induzidos pela atualidade imediata, mesmo que eles não se deixem dividir em "tradicionais" e "modernos". Mas também se sabe que todas as formas institucionais pelas quais é preciso passar, hoje, para apreender a vida social (o trabalho assalariado, a empresa, o esporte-espetáculo, a mídia...) representam, em todos os continentes, um papel cada dia mais importante. Em segundo lugar, ela desloca completamente a questão inicial: não é a Europa que está em questão, mas a contemporaneidade como tal, sob os aspectos mais agressivos ou mais desarmônicos da atualidade mais atual.

É essencial, então, não confundir a questão do método com a do objeto. Já se disse com frequência (o próprio Lévi-Strauss, por várias vezes) que o mundo moderno se prestava à observação etnológica, por menos que estivéssemos em condições de, nele, isolar unidades de observação controláveis por nossos métodos de investigação. E é conhecida a importância que Gérard Althabe (que, na época, sem dúvida, não sabia que estava abrindo caminho para a reflexão de nossos políticos) atribuiu aos vãos de escada, à vida da escada, nos grandes conjuntos de Saint-Denis e da periferia de Nantes.

Que a investigação etnológica tenha seus embaraços, que também são seus trunfos, e que o etnólogo tenha necessidade de circunscrever, aproximadamente, os limites de um grupo que ele conhecerá e que o reconhecerá, é uma evidência que não escapa àqueles que foram a campo. Mas ela tem vários aspectos. O aspecto do método, a necessidade de um contato efetivo com interlocutores são uma coisa. A representatividade do grupo escolhido é outra: trata-se, na verdade, de saber o que aqueles a quem falamos e vemos nos dizem daqueles a quem não falamos e não vemos. A atividade do etnólogo de campo é, desde o início, uma atividade de agrimensor do social, de manipulador de escalas, de comparatista, em resumo: ele confecciona um universo significativo, caso seja necessário, explorando, por investigações rápidas, universos intermediários, ou consultando, como historiador, os documentos utilizáveis. Tenta, por si mesmo e pelos outros, saber do que pode pretender falar quando fala daqueles a quem falou. Nada permite afirmar que esse problema de objeto empírico real, de representatividade, se coloque de modo diferente num grande reino africano e numa empresa da periferia de Paris.

Duas observações podem ser feitas aqui. A primeira diz respeito à história e a segunda à antropologia. Ambas se referem à preocupação do etnólogo em situar o objeto empírico da sua pesquisa, em avaliar sua representatividade qualitativa — pois, aqui, não se trata, a bem dizer, de selecionar amostragens estatisticamente representativas, mas de estabelecer se o que vale para uma linhagem vale para outra, se o que vale para uma aldeia, vale para outras aldeias...: os problemas de definição de noções como as de "tribo" ou "etnia" situam-se nessa perspectiva. A preocupação dos etnólogos os aproxima e os distingue, ao mesmo tempo, dos historiadores da micro-história; digamos, antes — para respeitar a anterioridade dos primeiros —, que os historiadores da micro-história encontram uma preocupação de etnólogo quando são obrigados a se questionar, também eles, sobre a representatividade dos casos que analisam — a vida de um moleiro do Frioul no século XV, por exemplo —, mas que são obrigados, para garantir a representatividade dos casos que analisam, a recorrer às noções de "pistas", de "indícios" ou de excepcionalidade exemplar, enquanto o etnólogo de campo, se for consciencioso, sempre tem meios de ir ver um pouco mais longe se o que ele pensou poder observar no início continua a ser válido ali. Essa é a vantagem de trabalhar sobre o presente — modesta compensação para a vantagem essencial que os historiadores sempre têm: eles conhecem o que vem em seguida.

A segunda observação diz respeito ao objeto da antropologia, mas, desta vez, a seu objeto intelectual, ou, se preferirem, à capacidade de generalização do etnólogo. É evidente que há uma distância considerável entre a observação minuciosa desta ou daquela metade da aldeia ou a coleta de um certo número de mitos em uma determinada população e a elaboração da teoria das "estruturas elementares do parentesco" ou dos "mitológicos". Não é só o estruturalismo que está em questão aqui. Todas as grandes empreitadas antropológicas tenderam, no mínimo, a elaborar um certo número de hipóteses gerais que, com certeza, podiam encontrar sua inspiração inicial na exploração de um caso singular, mas que diziam respeito à elaboração de configurações problemáticas que excedem largamente esse único caso — teorias da feitiçaria, da aliança matrimonial, do poder ou das relações de produção.

Sem nos pronunciarmos, aqui, sobre a validade desses esforços de generalização, extrairemos o argumento de sua existência como parte constituinte da literatura etnológica, para observar que o argumento da grandeza, quando evocado a propósito das sociedades não exóticas, diz respeito apenas a um aspecto particular da investigação, ao método, portanto, e não ao objeto: nem ao objeto empírico nem, *a fortiori,* ao objeto intelectual, teórico, que supõe não só a generalização, mas a comparação.

A questão do método não poderia ser confundida com a do objeto, pois o objeto da antropologia nunca foi a descrição exaustiva, por exemplo, de um bairro de uma cidadezinha ou de uma aldeia. Quando foram feitas monografias desse tipo, elas eram apresentadas como uma contribuição a um inventário ainda incompleto e, na maioria das vezes, esboçavam, pelo menos no plano empírico, generalizações, mais ou menos escoradas em pesquisas, no conjunto de um grupo étnico. A questão que se coloca, primeiro, a propósito da contemporaneidade próxima não é saber se e como se pode pesquisar num grande conjunto, numa empresa ou numa colônia de férias (bem ou mal, chegar-se-á a isso), mas saber se há aspectos da vida social contemporânea que aparecem hoje como se originando de uma investigação antropológica — da mesma maneira que as questões do parentesco, da aliança, do dote, da troca etc. impuseram-se, primeiro, à atenção (como objetos intelectuais) dos antropólogos do distante. Convém evocar, a esse propósito, com relação às preocupações (sem dúvida legítimas) de método, o que chamaremos de a precedência do objeto.

Essa precedência do objeto pode levantar dúvidas quanto à legitimidade da antropologia da contemporaneidade próxima. Louis Dumont, em seu prefácio à reedição de *La Tarasque*, observava, numa passagem que Martine Segalen cita em sua introdução a *L'autre et le semblable*, que o "deslocamento dos centros de interesse" e a mudança das "problemáticas" (o que chamaremos, aqui, de mudanças de objetos empíricos e intelectuais) impedem nossas disciplinas de serem simplesmente cumulativas "e podem mesmo chegar a minar sua continuidade". Como exemplo de mudança de centros de interesse, ele evoca, mais particularmente, por oposição ao estudo da tradição popular, a "apreensão simultaneamente mais ampla e mais diferenciada da vida social na França, que não mais separa, absolutamente, o não moderno do moderno, como, por exemplo, o artesanato da indústria".

Não estou certo de que a continuidade de uma disciplina seja comparável àquela de seus objetos. Tal afirmação seria certamente duvidosa se aplicada às ciências da vida, sobre as quais não tenho certeza de que sejam cumulativas no sentido implicado pela frase de Dumont: são novos objetos de pesquisa que a pesquisa faz surgir quando é concluída. E ela me parece ainda mais contestável, a propósito das ciências da vida social, porque é sempre da vida social que se trata quando mudam os modos de agrupamento e de hierarquização, e porque se propõem, assim, à atenção do pesquisador, novos objetos, que têm em comum com aqueles que descobre o pesquisador, em ciências da vida, não suprimir aqueles sobre os quais ele trabalhava inicialmente, mas sim complicá-los. Isso posto, a inquietação de Louis Dumont encontra eco naqueles que se dedicam à antropologia do aqui e do agora. Gérard Althabe, Jacques Cheyronnaud e Béatrix Le Wita exprimem-no em *L'autre et le semblable*, observando jocosamente que os bretões "se preocupam muito mais com seus empréstimos junto ao crédito rural do que com suas genealogias..." Porém, por trás dessa formulação, é ainda a questão do objeto que se projeta: nada diz que a antropologia deva atribuir às genealogias dos bretões mais importância do que eles próprios (mesmo que, tratando-se de bretões, possa-se duvidar de que eles as negligenciem totalmente). Se a antropologia da contemporaneidade próxima devesse efetuar-se, exclusivamente, segundo categorias já repertoriadas, se novos objetos não devessem ser nela construídos, o fato de abordar novos campos empíricos responderia mais a uma curiosidade do que a uma necessidade.

Essas considerações prévias exigem uma definição positiva do que é a pesquisa antropológica. Tentaremos estabelecê-la, aqui, fundamentando-nos em duas ocorrências.

A primeira ocorrência diz respeito à pesquisa antropológica: a pesquisa antropológica trata, no presente, da questão do outro. A questão do outro não é um tema que ela encontre ocasionalmente; ele é seu único objeto intelectual, com base no qual se deixam definir diferentes campos de investigação. Ela o trata no presente, o que basta para distingui-la da história. E ela o trata simultaneamente em vários sentidos, o que a distingue das outras ciências sociais.

Ela trata de todos os outros: o outro exótico, que se define em relação a um "nós" supostamente idêntico (nós franceses, europeus, ocidentais); o outro dos outros, o outro étnico ou cultural, que se define em relação a um conjunto de outros supostamente idênticos, um "ele", na maioria das vezes, resumido por um nome de etnia; o outro social: o outro do interior, com referência ao qual se institui um sistema de diferenças que começa pela divisão dos sexos, mas que define, também, em termos familiares, políticos e econômicos, os respectivos lugares de uns e de outros, de modo que não é mais possível falar de uma posição dentro do sistema (primogênito, caçula, segundo filho, patrão, cliente, escravo...) sem referência a um certo número de outros; o outro íntimo, enfim, que não se confunde com o precedente, que está presente no cerne de todos os sistemas de pensamento, e cuja representação, universal, responde ao fato de que a individualidade absoluta é impensável: a hereditariedade, a herança, a filiação, a semelhança, a influência são categorias por meio das quais se pode apreender uma alteridade complementar e, mais ainda, constitutiva de toda individualidade. Toda a literatura consagrada à noção de pessoa, à interpretação da doença e à feitiçaria atesta o fato de que uma das questões maiores colocadas pela etnologia o é, também, por aqueles que ela estuda: ela tem por objeto o que poderíamos chamar de alteridade essencial ou íntima. As representações da alteridade íntima, nos sistemas que a etnologia estuda, situam a necessidade dessa alteridade no próprio cerne da individualidade, proibindo, ao mesmo tempo, dissociar a questão da identidade coletiva daquela da identidade individual. Há, aí, um exemplo notável daquilo que o próprio conteúdo das crenças estudadas pelo etnólogo pode impor ao procedimento que tenta dar conta delas: não é simplesmente porque a representação do indivíduo é uma construção social que ela interessa à antropologia, é também porque toda representação do indivíduo é, necessariamente, uma representação do vínculo social que lhe é consubstancial. Por isso mesmo, somos devedores da antropologia das sociedades distantes, e mais ainda daqueles que ela estudou, por esta descoberta: o social começa com o indivíduo; o indivíduo depende do olhar etnológico. O concreto da antropologia está no extremo oposto do concreto definido por certas escolas sociológicas como apreensível nas ordens de grandeza das quais são eliminadas as variáveis individuais.

Marcel Mauss, discutindo relações entre psicologia e sociologia, apontava, todavia, sérias limitações à definição da individualidade sob a jurisdição do olhar etnológico. Numa passagem curiosa, ele afirma, na verdade, que o homem estudado pelos sociólogos não é o homem dividido, controlado e dominado da elite moderna, mas o homem comum ou arcaico, que se deixa definir como uma totalidade: "O homem médio de nossos dias — isto é verdade sobretudo para as mulheres —, e quase todos os homens das sociedades arcaicas ou atrasadas, é um total; ele é afetado em todo o seu ser pela menor de suas percepções ou pelo menor choque mental. O estudo desta "totalidade" é capital, por conseguinte, para tudo o que não diz respeito à elite de nossas sociedades modernas" (p. 306). Porém, a ideia de totalidade, que tem grande importância aos olhos de Mauss, para quem o concreto é o completo, limita e, num certo sentido, mutila aquela individualidade. Para ser mais exato, a individualidade na qual ele pensa é uma individualidade representativa da cultura, uma individualidade padrão. Temos uma confirmação disso na análise que ele faz do fenômeno social total, a cuja interpretação devem ser integrados, como observa Lévi-Strauss em sua "Introdução à obra de Marcel Mauss", não só o conjunto dos aspectos descontínuos sob qualquer dos quais (familiar, técnico, econômico) poder-se-ia ficar tentado a apreendê-lo exclusivamente, mas ainda a visão que tem ou pode ter dele qualquer indígena que o vive. A experiência do fato social total é duplamente concreta (e duplamente completa): experiência de uma sociedade precisamente localizada no tempo e no espaço, mas também de um indivíduo qualquer dessa sociedade. Só que esse indivíduo não é qualquer um: ele se identifica com a sociedade da qual ele não passa de uma expressão, e é significativo que, para dar uma ideia do que entende por *um* indivíduo qualquer, Mauss tenha recorrido ao artigo definido, evocando, por exemplo, "*o* melanésio desta ou daquela ilha". O texto citado anteriormente nos esclarece sobre esse ponto. O melanésio não é total somente porque o apreendemos em suas diversas dimensões individuais, "física, fisiológica, psíquica e sociológica", mas porque essa é uma individualidade de síntese, expressão de uma cultura, ela própria, considerada como um todo.

Haveria muito a dizer (e não dissemos pouca coisa aqui e acolá) sobre essa concepção da cultura e da individualidade. Que, sob certos aspectos e em certos contextos, cultura e individualidade possam definir-se como expressões recíprocas, é uma trivialidade, seja como for, um lugar comum, do qual nos servimos, por exemplo, para dizer deste ou daquele que é mesmo um bretão, um inglês ou um alemão. Também não nos surpreende que as reações das individualidades pretensamente livres possam ser aprendidas e mesmo previstas, com base em amostragens estatisticamente significativas. Simplesmente, aprendemos paralelamente a duvidar das identidades absolutas, simples e substanciais, tanto no plano coletivo quanto no individual. As culturas "comportam-se" como a madeira verde e jamais constituem totalidades acabadas (por razões extrínsecas e intrínsecas); e os indivíduos, tão simples quanto os imaginamos, nunca o são o suficiente para não se situar em relação à ordem que lhes atribui um lugar: só exprimem sua totalidade de um certo ângulo. Além disso, o caráter problemático de toda ordem estabelecida talvez nunca se manifestasse como tal — nas guerras, revoltas, conflitos, tensões — sem o empurrãozinho inicial de uma iniciativa individual. Nem a cultura localizada no tempo e no espaço, nem os indivíduos nos quais ela se encarna definem um nível de identificação básico aquém do qual nenhuma alteridade seria pensável. É bom que se entenda que o "trabalho" da cultura em suas margens, ou as estratégias individuais no interior dos sistemas instituídos não devem ser levados em consideração na definição de certos objetos (intelectuais) de pesquisa. Sobre esse ponto, as discussões e polêmicas às vezes padeceram de má-fé ou de miopia: observemos simplesmente, por exemplo, que o fato de uma regra ser ou não respeitada, de ela poder ser eventualmente contornada ou transgredida, nada tem a ver com levar em consideração todas as suas implicações lógicas, as quais constituem mesmo um verdadeiro objeto de pesquisas. Em contrapartida, existem outros objetos de pesquisa que levam em consideração processos de transformação ou de mudança, distanciamentos, iniciativas ou transgressões.

Basta saber do que se está falando e basta-nos, aqui, constatar que, qualquer que seja o nível ao qual se aplica a pesquisa antropológica, ela tem por objeto interpretar a interpretação que outros se fazem da categoria do outro, nos diferentes níveis que situam o lugar dele e impõem sua necessidade: a etnia, a tribo, a aldeia, a linhagem ou qualquer outro modo de agrupamento até o átomo elementar de parentesco, do qual se sabe que submete a identidade da filiação à necessidade da aliança; o indivíduo, enfim, que todos os sistemas rituais definem como compósito e cheio de alteridade, figura literalmente impensável, como o são, em modalidades opostas, a do rei e a do feiticeiro.

A segunda ocorrência diz respeito não mais à antropologia, mas ao mundo onde ela descobre seus objetos e, mais particularmente, ao mundo contemporâneo. Não é a antropologia que, cansada de campos exóticos, volta-se para horizontes mais familiares, sob pena de neles perder sua continuidade, como teme Louis Dumont, mas o próprio mundo contemporâneo que, por causa de suas transformações aceleradas, chama o olhar antropológico, isto é, uma reflexão renovada e metódica sobre a categoria da alteridade. Daremos uma atenção particular a três dessas transformações.

A primeira diz respeito ao tempo, à nossa percepção do tempo, mas também ao uso que fazemos dele, à maneira como dispomos dele. Para alguns intelectuais, o tempo não é mais, hoje, um princípio de inteligibilidade. A ideia de progresso, que implicava que o depois pudesse ser explicado em função do antes, encalhou, de certo modo, nos recifes do século XX, ao sair das esperanças ou das ilusões que acompanharam a travessia do mar aberto no século XIX. Esse questionamento, a bem dizer, refere-se a várias ocorrências distintas entre si: as atrocidades das guerras mundiais, dos totalitarismos e das políticas de genocídio, que não atestam — e isso é o mínimo que se pode dizer — um progresso moral da humanidade; o fim das grandes narrativas, dos grandes sistemas de interpretação que pretendiam dar conta da evolução de conjunto da humanidade, e que não o conseguiram, assim como se extraviavam ou se apagavam os sistemas políticos que se inspiravam oficialmente em alguns deles; no total, ou além, uma dúvida sobre a história como portadora de sentido, dúvida renovada, poder-se-ia dizer, pois ela lembra estranhamente aquela na qual Paul Hazard pensava poder descobrir, na junção dos séculos XVII e XVIII, a mola da polêmica entre Antigos e Modernos e da crise da consciência europeia. Porém, se Fontenelle duvidava da história, sua dúvida referia-se essencialmente a seu método (anedótico e pouco seguro), a seu objeto (o passado só nos fala da loucura dos homens) e a sua utilidade (ensinar aos jovens a época na qual eles são chamados a viver). Se os historiadores, na França, principalmente, duvidam hoje da história, não é por razões técnicas ou razões de método (a história como ciência fez progressos), mas porque, mais fundamentalmente, eles sentem grandes dificuldades não só em fazer do tempo um princípio de inteligibilidade, como, mais ainda, em inserir aí um princípio de identidade.

Aliás, vêmo-los privilegiar certos grandes temas ditos "antropológicos" (a família, a vida privada, os lugares de memória). Essas pesquisas vão ao encontro do gosto do público por formas antigas, como se estas falassem a nossos contemporâneos do que eles são, mostrando-lhes o que eles não são mais. Desse ponto de vista, ninguém se expressa melhor que Pierre Nora, em seu prefácio ao primeiro volume dos *Lieux de mémoire*: o que estamos buscando na acumulação religiosa de testemunhos, documentos, imagens, de todos os "sinais visíveis daquilo que foi", diz ele, em suma, é nossa diferença, e "no espetáculo dessa diferença o brilho súbito de uma identidade inencontrável. Não mais uma gênese, mas o deciframento de que estamos à luz do que não somos mais."

Essa ocorrência de conjunto também corresponde ao desaparecimento das referências sartriana e marxista do imediato pós-guerra, para as quais o universal era, no final das contas e da análise, a verdade do particular, e ao que poderíamos chamar, após muitas outras, a sensibilidade pós-moderna, para a qual uma moda vale a outra, o *patchwork* das modas significando a anulação da modernidade como conclusão de uma evolução que se aparentaria a um progresso.

Esse tema é inesgotável, mas pode-se encerrar de outro ponto de vista a questão do tempo, com base na ocorrência banalíssima que podemos ser diariamente levados a estabelecer: a história se acelera. Apenas temos o tempo de envelhecer um pouco e nosso passado já vira história, nossa história individual pertence à história. As pessoas da minha idade conheceram, na infância e na adolescência, a espécie de nostalgia silenciosa dos ex-combatentes de 1914-1918: ela parecia dizer-nos que eles haviam vivido a história (e que história!), e que nós nunca compreenderíamos realmente o que isso queria dizer. Hoje, os anos recentes, os 60, os 70, e logo mais os 80, retornam à história tão depressa quanto sobrevieram dela. Estamos com a história em nossos calcanhares. Ela nos segue como nossa sombra, como a morte. A história: isto é, uma série de acontecimentos reconhecidos como acontecimentos por muitos (os Beatles; 68; a guerra da Argélia; o Vietnã; 81; a queda do muro de Berlim; a democratização dos países do leste; a guerra do Golfo; a decomposição da URSS), acontecimentos que podemos pensar que importarão aos olhos dos historiadores de amanhã ou de depois de amanhã e aos quais cada um de nós, por mais consciente que seja de nada representar nesse caso, como Fabrício em Waterloo,[*] pode vincular algumas circunstâncias ou imagens particulares, como se fosse a cada dia menos verdadeiro que os homens, que fazem a história (pois, senão, quem mais?), não sabem que a fazem. Não é essa própria superabundância (num planeta cada dia menor, e voltarei a isso) que constitui problema para o historiador contemporâneo?

Precisemos esse ponto. O acontecimento sempre constituiu um problema para aqueles historiadores que pretendiam mergulhá-lo no grande movimento da história e concebiam-no como um puro pleonasmo entre um antes e um depois concebido como um desenvolvimento desse antes. Esse é, para além das polêmicas, o sentido da análise que François Furet propõe sobre a Revolução, acontecimento por excelência. Que nos diz ele em *Penser la révolution?* Que, a partir do dia em que explode a Revolução, o acontecimento revolucionário "institui uma nova modalidade de ação histórica, que não está inserida no inventário desta situação". O acontecimento revolucionário (mas a Revolução é, nesse sentido, exemplarmente factual) não é redutível à soma dos fatores que o tornaram possível

---

[*] Referência a Fabrício Del Dongo, personagem de *A cartuxa de Parma* de Stendhal. (N.T.)

e, depois de feito, pensável. Estaríamos completamente equivocados ao limitar esta análise apenas ao caso da Revolução.

A "aceleração" da história corresponde de fato a uma multiplicação de acontecimentos na maioria das vezes não previstos pelos economistas, historiadores ou sociólogos. A superabundância factual é que constitui problema, e não tanto os horrores do século XX (inéditos por sua amplitude, mas possibilitados pela tecnologia), nem a mudança dos esquemas intelectuais ou as agitações políticas, dos quais a história nos oferece muitos outros exemplos. Essa superabundância, que só pode ser plenamente apreciada levando-se em conta, por um lado, a superabundância da nossa informação, e, por outro, as interdependências inéditas do que alguns chamam hoje de "sistema-mundo", traz incontestavelmente um problema para os historiadores, principalmente os contemporâneos — denominação da qual a densidade factual das últimas décadas ameaça suprimir todo e qualquer significado. Mas esse problema é precisamente de natureza antropológica.

Ouçamos Furet definir a dinâmica da Revolução como acontecimento. É uma dinâmica, diz-nos ele, "que poderemos chamar de política, ideológica ou cultural, para dizer que seu poder multiplicado de mobilização dos homens e de ação sobre as coisas passa por um superinvestimento de sentido" (p. 39). Esse superinvestimento de sentido, exemplarmente passível do olhar antropológico, é também aquele que comprovam, à custa de contradições cujo desdobramento ainda não acabamos de observar, inúmeros acontecimentos contemporâneos; certamente, quando desabam, num piscar de olhos, regimes cuja queda ninguém ousava prever; mas também, e talvez mais ainda, por ocasião das crises latentes que afetam a vida política, social, econômica dos países liberais, e dos quais nos acostumamos insensivelmente a falar em termos de sentido. O que é novo não é que o mundo não tenha, ou tenha pouco ou menos sentido, é que sentíamos explícita e intensamente a necessidade diária de dar-lhe um: de dar um sentido ao mundo, não a determinada aldeia ou a determinada linhagem. Essa necessidade de dar um sentido ao presente, senão ao passado, é o resgate da superabundância factual que corresponde a uma situação que poderíamos dizer de "supermodernidade" para dar conta de sua modalidade essencial: o excesso.

Cada um de nós tem, ou pensa ter, o emprego desse tempo sobrecarregado de acontecimentos que atravancam tanto o presente quanto o passado próximo. O que, observemos, só pode tornar-nos ainda mais solicitantes de sentido. Prolongamento da esperança de vida, passagem para a coexistência habitual de quatro e não mais de três gerações provocam progressivamente mudanças práticas na ordem da vida social. Porém, paralelamente, eles estendem a memória coletiva, genealógica e histórica, e multiplicam para cada indivíduo as ocasiões em que pode ter a sensação de que sua história cruza a História e que esta se refere àquela. Suas exigências e decepções estão ligadas ao reforço dessa sensação.

É, portanto, por uma figura do excesso — o excesso de tempo — que se definirá, primeiro, a situação de supermodernidade, sugerindo que, pelo próprio fato de suas contradições, ela oferece um magnífico campo de observação e, no sentido lato do termo, um objeto para a pesquisa antropológica. Da supermodernidade, poder-se-ia dizer que é o lado "cara" de uma moeda da qual a pós-modernidade só nos apresenta o lado "coroa" — o positivo de um negativo. Do ponto de vista da supermodernidade, a dificuldade de pensar o tempo tem a ver com a superabundância factual do mundo contemporâneo, não com a derrocada de uma ideia de progresso há muito tempo em mau estado, pelo menos sob as formas caricaturais que tornam sua denúncia particularmente facilitada; o tema da história iminente, da história nos nossos calcanhares (quase imanente a cada uma de nossas existências cotidianas) aparece como uma prévia àquele do sentido ou do não sentido da história; pois é da nossa exigência de compreender todo o presente que decorre nossa dificuldade de dar um sentido ao passado próximo; a demanda positiva de sentido (da qual o ideal democrático é, sem dúvida, um aspecto essencial), que se manifesta entre os indivíduos das sociedades contemporâneas, pode explicar paradoxalmente os fenômenos que, às vezes, são interpretados como sinais de uma crise do sentido, por exemplo, as decepções de todos os desiludidos da terra: desiludidos do socialismo, desiludidos do liberalismo e, logo mais, desiludidos do pós-comunismo.

A segunda transformação acelerada, própria do mundo contemporâneo, e a segunda figura do excesso, característico da supermodernidade, referem-se ao espaço. Do excesso de espaço poderíamos dizer, primeiro, ainda aí meio paradoxalmente, que é correlativo do encolhimento do planeta: dessa colocação à distância de nós mesmos à qual correspondem as *performances* dos cosmonautas e a ronda de nossos satélites. Num certo sentido, nossos primeiros passos no espaço reduzem o nosso a um ponto ínfimo cujas fotos feitas por satélite nos dão justamente a medida exata. O mundo, porém, ao mesmo tempo, abre-se para nós. Estamos na era das mudanças de escala, no que diz respeito à conquista espacial, é claro, mas também em terra: os meios de transporte rápidos põem qualquer capital no máximo a algumas horas de qualquer outra. Na intimidade de nossa casa, enfim, imagens de toda espécie, transmitidas por satélites, captadas pelas antenas que guarnecem os telhados da mais afastada de nossas cidadezinhas, podem dar-nos uma visão instantânea e, às vezes, simultânea de um acontecimento em vias de se produzir no outro extremo do planeta. Pressentimos, é claro, os efeitos perversos ou as distorções possíveis de uma informação cujas imagens são assim selecionadas: elas não só podem ser, como se diz, manipuladas, como a imagem (que não passa de uma entre milhares de outras possíveis) exerce uma influência, possui um poder que excede de longe a informação objetiva da qual ela é portadora. Além disso, é preciso constatar que se misturam diariamente nas telas do planeta as imagens da informação, da publicidade e da ficção, cujo trabalho e cuja finalidade não são idênticos, pelo menos em princípio, mas que compõem, debaixo de nossos olhos, um universo relativamente homogêneo em sua diversidade. Existe algo mais realista e, num certo sentido, mais informativo, sobre a vida nos Estados Unidos do que uma boa série americana? Também seria preciso levar em consideração a espécie de falsa familiaridade que a telinha estabelece entre os telespectadores e os atores da grande história, cuja silhueta nos é tão habitual quanto aquela dos heróis das novelas ou das estrelas internacionais da vida artística ou esportiva. Eles são como as paisagens onde os vemos evoluir regularmente: o Texas, a Califórnia, Washington, Moscou, o Eliseu,

Twickenham, os Pireneus ou o deserto da Arábia; mesmo que não as conheçamos, nós as reconhecemos.

Essa superabundância espacial funciona como uma isca, mas uma isca cujo manipulador teríamos dificuldade em identificar (tudo não passa de uma miragem). Ela constitui, para uma larguíssima faixa, um substituto dos universos que a etnologia transformou tradicionalmente em seus. Desses universos, eles mesmos amplamente fictícios, poder-se-ia dizer que são essencialmente universos de reconhecimento. É próprio dos universos simbólicos constituir para os homens que os receberam por herança mais um meio de reconhecimento do que de conhecimento: universo fechado, onde tudo se constitui em signo, conjuntos de códigos dos quais alguns têm a chave e o uso, mas cuja existência todos admitem, totalidades parcialmente fictícias, porém efetivas, cosmologias que poderíamos pensar concebidas para fazer a felicidade dos etnólogos. Porque as fantasias dos etnólogos encontram, nesse ponto, as dos indígenas que eles estudam. A etnologia preocupou-se durante muito tempo em recortar, no mundo, espaços significantes, sociedades identificadas com culturas concebidas, elas próprias, como totalidades plenas: universos de sentido em cujo interior os indivíduos e os grupos que não passam de uma expressão deles se definem em relação aos mesmos critérios, aos mesmos valores e aos mesmos processos de interpretação.

Não voltaremos a uma concepção da cultura e da individualidade já criticada anteriormente. Basta dizer que essa concepção ideológica reflete tanto a ideologia dos etnólogos quanto a daqueles que eles estudam, e que a experiência do mundo supermoderno pode ajudar os etnólogos a se desfazerem dela, ou, mais exatamente, a calcular seu alcance. Porque ela se baseia, entre outras, numa organização de espaço que o espaço da modernidade ultrapassa e relativiza. Ainda aí, é preciso que nos entendamos: assim como a inteligência do tempo, parece-nos, é mais complicada pela superabundância factual do presente do que minada por uma subversão radical dos modos prevalentes da interpretação histórica, assim também a inteligência do espaço é menos subvertida pelas agitações em curso (pois ainda existem terras e territórios, na realidade dos fatos de campo e, mais ainda, naquela das consciências e das imaginações, individuais e coletivos) do que complicada pela superabundância espacial do presente. Esta se expressa, como vimos, nas mudanças de escala, na multiplicação das referências energéticas e imaginárias, e nas espetaculares acelerações dos meios de transporte. Ela resulta, concretamente, em consideráveis modificações físicas: concentrações urbanas, transferências de população e multiplicação daquilo a que chamaremos "não lugares", por oposição à noção sociológica de lugar, associada por Mauss e por toda uma tradição etnológica àquela de cultura localizada no tempo e no espaço. Os não lugares são tanto as instalações necessárias à circulação acelerada das pessoas e bens (vias expressas, trevos rodoviários, aeroportos) quanto os próprios meios de transporte ou os grandes centros comerciais, ou ainda os campos de trânsito prolongado onde são alojados os refugiados do planeta. Porque vivemos uma época, também sob esse aspecto, paradoxal: no próprio momento em que a unidade do espaço terrestre se torna pensável e em que se reforçam as grandes redes multirraciais, amplifica-se o clamor dos particularismos; daqueles que querem ficar sozinhos em casa ou daqueles que querem reencontrar uma pátria, como se o conservadorismo de uns e o messianismo de outros estivessem condenados a falar a mesma linguagem — a da terra e das raízes.

Poder-se-ia pensar que o deslocamento dos parâmetros espaciais (a superabundância espacial) traz ao etnólogo dificuldades da mesma ordem que aquelas encontradas pelos historiadores diante da superabundância factual. Trata-se de dificuldades da mesma ordem, na verdade, porém, para a pesquisa antropológica, particularmente estimulantes. Mudanças de escala, mudanças de parâmetros: resta-nos, como no século XIX, empreender o estudo de civilizações e de novas culturas.

E pouco importa que sejamos de certo modo beneficiários, pois estamos longe, cada um por sua vez, de dominar todos os aspectos dessas novas civilizações e culturas, e falta muito para isso. Inversamente, as culturas exóticas não pareciam, outrora, tão diferentes aos observadores ocidentais que eles não tenham ficado tentados a, primeiro, lê-las por meio das grades etnocentradas de seus costumes. Se a experiência distante ensinou-nos a descentrar nosso olhar, temos que tirar proveito dessa experiência. O mundo da supermodernidade não tem as dimensões exatas daquele no qual pensamos viver, pois vivemos num mundo que ainda não aprendemos a olhar. Temos que reaprender a pensar o espaço.

Conhecemos a terceira figura do excesso, em relação à qual poder-se-ia definir a situação de supermodernidade. É a figura do ego, do indivíduo, que retorna, como se disse, até na reflexão antropológica, visto que, na falta de novos campos, num universo sem territórios, e de inspiração teórica, num mundo sem grandes narrativas, os etnólogos, certos etnólogos, após haverem tentado tratar as culturas (as culturas localizadas, as culturas *à la* Mauss) como textos, passaram a só se interessar pela descrição etnográfica como texto — texto expressivo de seu autor, naturalmente, de modo que, se levarmos em conta James Clifford, os Nuer nos ensinariam mais sobre Evans-Pritchard que este sobre aqueles. Sem pôr em questão, aqui, o espírito da pesquisa hermenêutica, para a qual os intérpretes constroem a si próprios por meio do estudo que fazem dos outros, sugerir-se-á que, em se tratando de etnologia e de literatura etnológica, a hermenêutica, em suma, corre o risco da trivialidade. Não é certo, na verdade, que a crítica literária de espírito desconstrutivista aplicada ao *corpus* etnográfico nos ensine muito mais que banalidades ou evidências (por exemplo, que Evans-Pritchard vivia na época colonial). É possível, em compensação, que a etnologia se desvie, substituindo seus campos de estudo pelo estudo daqueles que foram a campo.

A antropologia pós-moderna origina-se (paguemo-la na mesma moeda) de uma análise da supermodernidade cujo método redutivista (do campo ao texto e do texto ao autor) não passa de uma expressão particular.

Nas sociedades ocidentais, pelo menos, o indivíduo quer um mundo para ser um mundo. Ele pretende interpretar por e para si mesmo as informações que lhe são entregues. Os sociólogos da religião puseram em evidência o caráter singular da própria prática

38

católica: os praticantes querem praticar à sua maneira. Do mesmo modo, somente em nome do valor individual indiferenciado pode ser superada a questão da relação entre os sexos. Essa individualização dos procedimentos, observemos, nem é tão surpreendente se nos referimos às análises anteriores: nunca as histórias individuais foram tão explicitamente referidas pela história coletiva, mas nunca, também, os pontos de identificação coletiva foram tão flutuantes. A produção individual de sentido é, portanto, mais do que nunca, necessária. Naturalmente, a sociologia pode perfeitamente pôr em evidência as ilusões das quais procede essa individualização dos procedimentos e os efeitos de reprodução e de estereotipia que escapam, totalmente ou em parte, à consciência dos atores. Porém, o caráter singular da produção de sentido, transmitido por todo um aparelho publicitário — que fala do corpo, dos sentidos, do frescor de viver — e toda uma linhagem política, cujo eixo é o tema das liberdades individuais, é interessante em si mesmo: ele tem origem no que os etnólogos estudaram nos outros, sob diversas rubricas, a saber, o que poderíamos chamar as antropologias, mais do que as cosmologias, locais, isto é, os sistemas de representação nos quais são informadas as categorias da identidade e da alteridade.

Assim se coloca aos antropólogos, hoje, em novos termos, um problema que traz as mesmas dificuldades que aquelas com as quais entraram em choque Mauss e, depois dele, a totalidade da corrente culturalista: como pensar em situar o indivíduo? Michel de Certeau, em *L'invention du quotidien*, fala das "manhas das artes de fazer" que permitem aos indivíduos submetidos às opressões globais da sociedade moderna, principalmente a sociedade urbana, desviar-se delas, usá-las e, por uma espécie de elaboração diária, traçar aí seu cenário e seus itinerários particulares. Porém, essas manhas e essas artes de fazer — e Michel de Certeau estava consciente disso — remetem ora à multiplicidade dos indivíduos médios (o cúmulo do concreto) ora à média dos indivíduos (uma abstração). Freud, do mesmo modo, em suas obras de finalidade sociológica (*Mal-estar na civilização, Futuro de uma ilusão*) usava a expressão "homem comum" (*der gemeine Mann*) para opor, um pouco como Mauss, a média dos indivíduos humanos que estão em condição de tomar a si mesmos por objeto de um processo reflexivo.

Entretanto, Freud tem consciência de que o homem alienado do qual ele está falando, alienado das diversas instituições, por exemplo, a religião, é também todo o homem ou todo homem, a começar pelo próprio Freud ou qualquer um daqueles que estão em condições de observar em si mesmos os mecanismos e os efeitos da alienação. Essa alienação necessária é também aquela da qual fala Lévi-Strauss quando escreve em sua "Introdução à obra de Marcel Mauss" que é, a bem dizer, aquele a quem chamamos de saudável de espírito que é alienado, já que consente em existir num mundo definido pela relação com outrem.

Sabe-se que Freud praticou a autoanálise. Hoje, coloca-se para os antropólogos a questão de saber como integrar à sua análise a subjetividade daqueles que eles observam, isto é, no final das contas, considerado o estatuto renovado do indivíduo em nossas sociedades, saber como redefinir as condições da representatividade. Não se pode excluir que o antropólogo, seguindo o exemplo de Freud, considera-se como um indígena de sua própria cultura, um informante privilegiado, em suma, e arrisca-se a algumas tentativas de autoetnoanálise.

Além do peso maior dado, hoje, à referência individual, ou, se preferirem, à individualização das referências, é aos fatos de singularidade que se deveria prestar atenção: singularidade dos objetos, singularidade dos grupos ou das pertinências, recomposição de lugares, singularidades de toda ordem, que constituem o contraponto paradoxal dos processos de relacionamento, de aceleração e de deslocalização muito rapidamente reduzidas e resumidas, às vezes, por expressões como "homogeneização — ou mundialização — da cultura".

A questão das condições de realização de uma antropologia da contemporaneidade deve ser deslocada do método para o objeto. Não que as questões de método tenham uma importância determinante, ou mesmo que elas possam ser inteiramente dissociadas daquela do objeto. Porém, a questão do objeto é um preâmbulo. Ela constitui mesmo um duplo preâmbulo, pois, antes de se interessar pelas novas formas sociais, pelos novos modos de sensibilidade ou pelas novas instituições que podem aparecer como características da contemporaneidade atual, deve-se estar atento às mudanças que afetaram as grandes categorias por meio das quais os homens pensam sua identidade e suas relações recíprocas. As três figuras do excesso pelas quais tentamos caracterizar a situação de supermodernidade (a superabundância factual, a superabundância espacial e a individualização das referências) permitem apreendê-la sem ignorar suas complexidades e contradições, mas sem fazer dela, também, o horizonte inultrapassável de uma modernidade perdida da qual só teríamos que levantar os vestígios, repertoriar os *isolats*[*] ou inventariar os arquivos. O século XXI será antropológico, não só porque as três figuras do excesso não são senão a forma atual de uma matéria-prima perene, que é a própria matéria da antropologia, mas também porque, nas situações de supermodernidade (como naquelas que a antropologia analisou sob o nome de "aculturação"), os componentes se somam sem se destruírem. Assim, pode-se tranquilizar antecipadamente aqueles apaixonados pelos fenômenos estudados pela antropologia (da aliança à religião, da troca ao poder, da possessão à feitiçaria): eles não estão perto de desaparecer, nem na África nem na Europa. Mas farão sentido novamente (farão novamente o sentido) com o resto, num mundo diferente cujas razões e desrazões os antropólogos de amanhã terão que compreender, como hoje.

---

[*] *Isolats:* Grupo étnico isolado ou grupo de seres vivendo isoladamente. (N.T.)

O LUGAR ANTROPOLÓGICO

O lugar comum ao etnólogo e àqueles de quem ele fala é um lugar, precisamente: aquele que ocupam os indígenas que nele vivem, nele trabalham, que o defendem, que marcam nele seus pontos fortes, que guardam suas fronteiras, mas nele detectam, também, os vestígios dos poderes ctonianos ou celestes, dos ancestrais ou dos espíritos que o povoam e que animam sua geografia íntima, como se o pedacinho de humanidade que lhes dedica nesse lugar oferendas e sacrifícios fosse também sua quintessência, como se não houvesse humanidade digna desse nome a não ser no próprio lugar do culto que lhes é consagrado.

E o antropólogo, ao contrário, gaba-se de decifrar pela organização do lugar (a fronteira sempre postulada e demarcada entre natureza selvagem e natureza cultivada, a divisão permanente ou provisória das terras de cultura ou das águas piscosas, o traçado

43

das aldeias, a disposição do hábitat e as regras de residência, em suma, a geografia econômica, social, política e religiosa do grupo) uma ordem muito mais restritiva, e, seja como for, evidente, porque sua transcrição no espaço lhe dá a aparência de uma segunda natureza. O etnólogo vê-se, assim, como o mais sutil e o mais sábio dos indígenas.

Esse lugar comum ao etnólogo e a seus indígenas é, num certo sentido (no sentido do latim *invenire*), uma invenção: ele foi descoberto por aqueles que o reivindicam como seu. Os relatos de fundação são, raramente, relatos de autoctonia, na maioria das vezes, ao contrário, relatos que integram os gênios do lugar e os primeiros habitantes à aventura comum do grupo em movimento. A marca social do solo é muito necessária porque nem sempre ela é original. O etnólogo, por sua vez, reencontra essa marcação. Acontece mesmo de sua intervenção e sua curiosidade devolverem àqueles os quais ele investiga o gosto pelas origens, que os fenômenos ligados à atualidade mais recente conseguiram atenuar e, às vezes, abafar: as migrações para a cidade, os novos povoamentos, a extensão das culturas industriais.

Não há dúvida de que uma realidade está na origem dessa dupla invenção, e lhe fornece sua matéria-prima e seu objeto. Mas ela também pode gerar fantasias e ilusões: fantasia indígena, de uma sociedade ancorada desde tempos imemoriais na perenidade de uma terra intocada além da qual nada é mais verdadeiramente pensável; a ilusão do etnólogo, de uma sociedade tão transparente para si mesma que se exprime inteira no menor de seus usos, em qualquer instituição sua, como na personalidade global de cada um daqueles que a compõem. A consideração do esquadrinhamento sistemático da natureza que operaram todas as sociedades, ainda que nômades, prolonga a fantasia e alimenta a ilusão.

A fantasia dos indígenas é aquela de um mundo fechado fundado de uma vez por todas, que não tem, a bem dizer, que ser conhecido. Dele, já se conhece tudo o que existe para conhecer: as terras, a floresta, os mananciais, os pontos notáveis, os locais de culto, as plantas medicinais, sem desconhecer as dimensões temporais de um estado dos lugares cuja legitimidade os relatos de origem e o calendário ritual postulam, e cuja estabilidade eles asseguram em princípio. É preciso, nesse caso, *reconhecer-se* aí. Todo acontecimento imprevisto, mesmo que, do ponto de vista ritual, é perfeitamente previsível e recorrente, como o são os nascimentos, as enfermidades e os falecimentos, pede para ser interpretado não, a bem dizer, para ser conhecido, mas para ser reconhecido, isto é, para ser passível de um discurso, um diagnóstico, nos termos já repertoriados, cujo enunciado não seja suscetível de chocar os guardiões da ortodoxia cultural e da sintaxe social. Não seria de espantar que os termos desse discurso fossem geralmente espaciais, a partir do momento que o dispositivo espacial é, ao mesmo tempo, o que exprime a identidade do grupo (as origens do grupo são, muitas vezes, diversas, mas é a identidade do lugar que o funda, congrega e une) e o que o grupo deve defender contra as ameaças externas e internas para que a linguagem da identidade conserve um sentido.

Uma de minhas primeiras experiências etnológicas, a interrogação do cadáver na região aladiana, foi, desse ponto de vista, exemplar; ainda mais exemplar porque, em modalidades variáveis, ela é muito difundida na África Ocidental, e porque encontramos, no mundo, técnicas equivalentes. Trata-se, grosso modo, de fazer o cadáver dizer se o responsável por sua morte se encontrava do lado de fora das aldeias aladianas ou numa delas, dentro da própria aldeia onde se desenrolava a cerimônia ou fora dela (e, nesse caso, a leste ou a oeste), dentro ou fora de sua própria linhagem, de sua própria casa etc. Acontecia, aliás, de o cadáver, curto-circuitando a lenta progressão do questionário, arrastar o grupo de seus carregadores em direção a uma "choupana" cuja paliçada ou porta de entrada ele derrubava, significando, com isso, para seus interrogadores, que eles não tinham que procurar mais longe. Não se poderia dizer melhor que a identidade do grupo étnico (no caso, aquele do grupo compósito constituído pelos aladianos), que exige certamente um bom domínio de suas tensões internas, passa por um reexame constante do bom estado de suas fronteiras exteriores e interiores — das quais é significativo que tenham, ou tenham tido, que ser recontadas, repetidas, reafirmadas por ocasião de quase cada morte individual.

A fantasia do lugar fundado e incessantemente refundador não passa de uma semifantasia. Em primeiro lugar, ela funciona bem, ou melhor, funcionou bem: terras foram valorizadas, a natureza foi domesticada, a reprodução das gerações assegurada; nesse sentido, os deuses da terra a protegeram bem. O território se manteve contra as ameaças de agressões externas ou de fissões internas, o que nem sempre é o caso, como se sabe: nesse sentido, ainda, os dispositivos da adivinhação e da prevenção foram eficientes. Essa eficiência pode ser avaliada na escala da família, das linhagens, da aldeia ou do grupo. Aqueles que se encarregam da gestão das peripécias pontuais, do esclarecimento e da resolução das dificuldades particulares são sempre mais numerosos do que aqueles que são vítimas delas ou que elas questionam: todos ficam contentes e tudo fica como está.

Semifantasia também, pois, se ninguém duvida da realidade do lugar comum e dos poderes que o ameaçam ou o protegem, ninguém ignora também, ninguém jamais ignorou nem a realidade dos outros grupos (na África, inúmeras narrativas de fundação são, antes de mais nada, narrativas de guerra e de fuga), e, portanto, também dos outros deuses, nem a necessidade de negociar ou de arranjar mulher noutro lugar. Nada permite pensar que ontem, mais do que hoje, a imagem de um mundo fechado e autossuficiente tenha sido, para aqueles que a difundiam, e, por função, identifica-vam-se com ele, algo além de uma imagem útil e necessária, não uma mentira, mas um mito inscrito de maneira aproximada no solo, frágil como o território cuja singularidade ele fundava, sujeito, como são as fronteiras, a retificações eventuais, mas condenado, por essa mesma razão, a sempre falar do último deslocamento como da primei-ra fundação.

É nesse ponto que a ilusão do etnólogo encontra a semifanta-sia dos indígenas. Ela também não passa de uma semi-ilusão, pois, se o etnólogo fica evidentemente tentado a identificar aqueles que estuda com a paisagem onde os descobre e o espaço que eles informaram, não ignora mais do que eles as vicissitudes de sua história, sua mobilidade, a multiplicidade dos espaços aos quais eles se referem e a flutuação de suas fronteiras. Ainda pode ficar, como eles, tentado a tomar, em cima das agitações atuais, a medida ilusória de sua estabilidade passada. Quando os tratores apagam a terra, quando os jovens partem para a cidade ou quando se instalam "alóctones", é no sentido mais concreto, mais espacial, que se apagam, com as divisas do território, as da identidade.

Porém, não reside aí o essencial de sua tentação, que é intelectual e que a tradição etnológica comprova de longa data.

Nós a chamaremos, recorrendo a uma noção da qual essa mesma tradição usou e abusou em várias circunstâncias, de "tentação da totalidade". Voltemos por um instante ao uso que Mauss fez da noção de fato social total e ao comentário dela que propõe Lévi-Strauss. A totalidade do fato social, para Mauss, remete a duas outras totalidades: à soma das diversas instituições que entram em sua composição, mas também ao conjunto das diversas dimensões em relação às quais se define a individualidade de cada um daqueles que o vivem e dele participam. Lévi-Strauss, como vimos, resumiu de maneira notável esse ponto de vista, sugerindo que o fato social total é, antes de tudo, o fato social totalmente percebido, isto é, o fato social em cuja interpretação está integrada a visão que pode ter dele qualquer indígena que o vive. Só que esse ideal de interpretação exaustiva, que poderia desanimar qualquer romancista por causa dos múltiplos esforços de imaginação que poderia parecer exigir dele, baseia-se numa concepção muito particular do homem "médio" definido, também ele, como um "total" porque, diferentemente dos representantes da elite moderna, "ele é afetado em todo o seu ser pela menor de suas percepções ou pelo menor choque mental" (p. 306). O homem "médio", para Mauss, é, na sociedade moderna,

48

qualquer um que não pertença à elite. O arcaísmo, porém, só conhece a média. O homem "médio" é semelhante a "quase todos os homens das sociedades arcaicas ou atrasadas" no que ele apresenta, como eles, uma vulnerabilidade e uma permeabilidade a seu círculo imediato que permitem precisamente defini-lo como "total".

Não fica absolutamente evidente que, aos olhos de Mauss, a sociedade moderna constitui, por isso, um objeto etnológico dominável, pois o objeto do etnólogo, para ele, são as sociedades precisamente localizadas no espaço e no tempo. No campo ideal do etnólogo (o das sociedades "arcaicas ou atrasadas"), todos os homens são "médios" (poderíamos dizer "representativos"), a localização no tempo e no espaço é aí, portanto, fácil de efetuar: ela vale para todos, e a divisão em classes, as migrações, a urbanização, a industrialização não vêm reduzir suas dimensões e confundir sua leitura. Por trás das ideias de totalidade e de sociedade localizada, há aquela de uma transparência entre cultura, sociedade e indivíduo.

A ideia da cultura como texto, que é um dos últimos avatares do culturalismo americano, já está inteira presente naquela sociedade localizada. Quando, para ilustrar a necessidade de integrar à análise do fato social total aquela de um "indivíduo qualquer" dessa sociedade, Mauss cita "o melanésio desta ou daquela ilha", sem dúvida é significativo que ele tenha recorrido ao artigo definido (esse melanésio é um protótipo, como o serão, em outros tempos e sob outros céus, muitos dos sujeitos étnicos promovidos à exemplaridade), mas também que uma ilha (uma pequena ilha) seja exemplarmente proposta como o lugar de excelência da totalidade cultural. De uma ilha, pode-se designar ou desenhar sem hesitações contornos e fronteiras; de ilha em ilha, no interior de um arquipélago, os circuitos da navegação e da troca compõem itinerários fixos e reconhecidos que desenham uma clara fronteira entre a zona de identidade relativa (de identidade reconhecida e de relações instituídas) e o mundo exterior, o mundo da estraneidade absoluta. O ideal, para o etnólogo preocupado em caracterizar particularidades singulares, seria que cada etnia fosse uma ilha, eventualmente ligada a outras, mas diferente de qualquer outra, e que cada ilhéu fosse o homólogo exato de seu vizinho.

Os limites da visão culturalista das sociedades, tanto quanto ela pretende ser sistemática, são evidentes: substantificar cada cultura singular é ignorar tanto seu caráter intrinsecamente problemático, comprovado, contudo, quando preciso, por suas reações às outras culturas ou pelos movimentos bruscos da história, quanto a complexidade de uma trama social e de posições individuais que jamais se deixam deduzir do "texto" cultural. Não se deveria, porém, ignorar a parte de realidade subjacente à fantasia indígena e à ilusão etnológica: a organização do espaço e a constituição dos lugares são, no interior de um mesmo grupo social, uma das motivações e uma das modalidades das práticas coletivas e individuais. As coletividades (ou aqueles que as dirigem), como os indivíduos que a elas se ligam, necessitam simultaneamente pensar a identidade e a relação, e, para fazerem isso, simbolizar os constituintes da identidade partilhada (pelo conjunto de um grupo), da identidade particular (de determinado grupo ou determinado indivíduo em relação aos outros) e da identidade singular (do indivíduo ou do grupo de indivíduos como não semelhantes a nenhum outro). O tratamento

50

do espaço é um dos meios dessa empreitada e não é de se espantar que o etnólogo fique tentado a fazer, em sentido inverso, o percurso do espaço ao social, como se este houvesse produzido aquele de maneira definitiva. Esse percurso é "cultural" por essência, visto que, passando pelos signos mais visíveis, mais instituídos e mais reconhecidos da ordem social, ele esboça simultaneamente o lugar dele, definido, por isso mesmo, como lugar comum.

Reservamos o termo "lugar antropológico" àquela construção concreta e simbólica do espaço que não poderia dar conta, somente por ela, das vicissitudes e contradições da vida social, mas à qual se referem todos aqueles a quem ela designa um lugar, por mais humilde e modesto que seja. É porque toda antropologia é antropologia da antropologia dos outros, além disso, que o lugar, o lugar antropológico, é simultaneamente princípio de sentido para aqueles que o habitam e princípio de inteligibilidade para quem o observa. O lugar antropológico tem escala variável. A casa *kabile*, com seu lado sombra e seu lado luz, sua parte masculina e sua parte feminina, a choupana *mina* ou *ewe* com seu *legba* do interior, que protege quem dorme de suas próprias pulsões, e o *legba* do portal, que o protege das agressões externas; as organizações dualistas, que muitas vezes são traduzidas no solo por uma fronteira bastante material e bastante visível, e que comandam direta ou indiretamente a aliança, as trocas, os jogos, a religião; as aldeias ebriê ou atiê, cuja tripartição ordena a vida das linhagens e das faixas etárias: tantos lugares cuja análise faz sentido, porque foram investidos de sentido, e porque cada novo percurso, cada reiteração trivial, conforta-os e confirma sua necessidade.

Esses lugares têm pelo menos três características comuns. Eles se pretendem (pretendem-nos) identitários, relacionais e históricos. O projeto da casa, as regras da residência, os guardiões da aldeia, os altares, as praças públicas, o recorte das terras correspondem para cada um a um conjunto de possibilidades, prescrições e proibições cujo conteúdo é, ao mesmo tempo, espacial e social. Nascer é nascer num lugar, ser designado à residência. Nesse sentido, o lugar de nascimento é constitutivo da identidade individual e acontece, na África, de a criança nascida por acidente fora da aldeia receber um nome particular emprestado de um elemento da paisagem que a viu nascer. Esse local de nascimento obedece à lei do "próprio" (e do nome próprio) da qual fala Michel de Certeau. Louis Marin, por sua vez, toma emprestada de Furetière sua definição aristotélica de lugar ("superfície primeira e imóvel de um corpo que com ela cerca um outro ou, para falar mais claramente, o espaço no qual um corpo é colocado"[1]) e cita o exemplo que ele dá: "Cada corpo ocupa o seu lugar". Porém, essa ocupação singular e exclusiva é mais a do cadáver no túmulo do que a do corpo que nasce ou vive. Na ordem do nascimento e da vida, o lugar próprio, como a individualidade absoluta, são mais difíceis de definir e de pensar. Michel de Certeau vê no lugar, qualquer que seja ele, a ordem "segundo a qual elementos são distribuídos em relações de coexistência" e, se ele exclui que duas coisas ocupam o mesmo "espaço", admite que cada elemento do lugar esteja ao lado dos outros, num "local" próprio, define o "lugar" como uma "configuração instantânea de

---

1. Louis Marin, "Le lieu du pouvoir à Versailles", in *La production des lieux exemplaires*, Dossiês dos seminários TTS, 1991, p. 89.

posições" (p. 173), o que equivale a dizer que, num mesmo lugar, podem coexistir elementos distintos e singulares, sem dúvida, mas sobre os quais não se proíbe pensar nem as relações nem a identidade partilhada que lhes confere a ocupação do lugar comum. Assim, as regras da residência que atribuem o lugar à criança (junto da mãe, na maior parte das vezes, mas ao mesmo tempo seja na casa do pai, seja na casa do tio materno, seja na casa da avó materna) situam-na numa configuração de conjunto cuja inscrição no solo ela compartilha com outros.

Finalmente, o lugar é necessariamente histórico a partir do momento em que, conjugando identidade e relação, ele se define por uma estabilidade mínima. Por isso é que aqueles que nele vivem podem aí reconhecer marcos que não têm que ser objetos de conhecimento. O lugar antropológico, para eles, é histórico na exata proporção em que escapa à história como ciência. Esse lugar que antepassados construíram ("mais me agrada a morada que construíram meus avós..."), que os mortos recentes povoam de signos que é preciso saber conjurar ou interpretar, cujos poderes tutelares um calendário ritual preciso desperta e reativa a intervalos regulares, está no extremo oposto dos "lugares de memória", sobre os quais Pierre Nora escreve tão justamente que neles apreendemos essencialmente nossa diferença, a imagem do que não somos mais. O habitante do lugar antropológico não faz história, vive na história. A diferença entre essas duas relações à história é, sem dúvida, ainda muito sensível aos franceses da minha idade, que viveram os anos 1940 e puderam, na sua cidadezinha (ainda que fosse um lugar de férias), assistir ao Corpus Christi, às procissões ou à celebração anual desse ou daquele santo padroeiro da terra, normalmente colocado num nicho na sombra de uma capela isolada: pois, se esses percursos e recursos desapareceram, sua lembrança não nos fala mais simplesmente, como outras recordações da infância, do tempo que passa ou do indivíduo que muda; elas desapareceram efetivamente, ou melhor, transformaram-se: ainda se celebra a festa de tempos em tempos, para fazer como antigamente, como se ressuscita a batedura do trigo à moda antiga todo verão; a capela foi restaurada e, às vezes, fazem nela um concerto ou um espetáculo. Essa encenação não ocorre sem provocar sorrisos perplexos ou comentários retrospectivos de certos velhos habitantes da região: ela projeta à distância os lugares onde eles creem ter vivido no dia a dia, enquanto nos convidam, hoje, para olhá-los como um pedaço de história. Espectadores de si mesmos, turistas do íntimo, eles não saberiam imputar à nostalgia ou às fantasias da memória as mudanças que atestam objetivamente o espaço no qual eles continuam a viver e que não é mais o local no qual viviam.

Sem dúvida, o estatuto intelectual do lugar antropológico é ambíguo. Ele é apenas a ideia, parcialmente materializada, que têm aqueles que o habitam de sua relação com o território, com seus próximos e com os outros. Essa ideia pode ser parcial ou mitificada. Ela varia com o lugar e o ponto de vista que cada um ocupa. Não importa: ele propõe e impõe uma série de marcas que, sem dúvida, não são aquelas da harmonia selvagem ou do paraíso perdido, mas cuja ausência, quando desaparecem, não se preenche com facilidade. Se o etnólogo, por sua vez, é tão facilmente sensível a tudo o que, no projeto daqueles que ele observa, tal como ele se inscreve no solo, significa o fechamento, o sábio controle da relação com o exterior, a imanência do divino ao humano, a proximidade do sentido e a necessidade do signo, é porque ele porta em si a imagem e a necessidade disso.

Se nos detivermos, por um instante, na definição de lugar antropológico, constataremos que ele é, antes de mais nada, geométrico. Pode-se estabelecer, com base em três formas espaciais simples, que podem ser aplicadas a dispositivos institucionais diferentes e que constituem, de certo modo, as formas elementares do espaço social. Em termos geométricos, trata-se da linha, da interseção das linhas e do ponto de interseção. Concretamente, na geografia que nos é cotidianamente mais familiar, poder-se-ia falar, por um lado, em itinerários, eixos ou caminhos que conduzem de um lugar a outro e foram traçados pelos homens e, por outro lado, em cruzamentos e praças onde os homens se cruzam, se encontram e se reúnem, que desenharam conferindo-lhes, às vezes, vastas proporções para satisfazer principalmente, nos mercados, necessidades do intercâmbio econômico, e, enfim, centros mais ou menos monumentais, sejam eles religiosos ou políticos, construídos por certos homens e que definem, em troca, um espaço e fronteiras além das quais outros homens se definem como outros, em relação a outros centros e outros espaços.

Itinerários, cruzamentos e centros não são, contudo, noções absolutamente independentes. Elas coincidem parcialmente. Um itinerário pode passar por diferentes pontos notáveis que constituem locais de ajuntamento; certos mercados constituem pontos fixos num itinerário que eles sinalizam; se o mercado é, por si só, um centro de atração, a praça onde ele está pode abrigar um monumento (o altar de um deus, o palácio de um soberano), que figura o centro de um outro espaço social. À combinação dos espaços corresponde uma certa complexidade institucional: os grandes mercados pedem certas formas de controle político; eles só existem em virtude de um contrato cujo respeito é garantido por diversos processos religiosos ou jurídicos: são lugares de trégua, por exemplo. Quanto aos itinerários, passam por um certo número de fronteiras e limites cujo funcionamento, sabe-se muito bem, não é autônomo e implica, por exemplo, certas ações econômicas ou rituais.

Essas formas simples não caracterizam os grandes espaços políticos ou econômicos; elas definem principalmente o espaço do vilarejo e o espaço doméstico. Jean-Pierre Vernant mostra muito bem, em seu livro *Mito e pensamento entre os gregos*, como, no casal Héstia/Hermes, a primeira simboliza o lume circular situado no centro da casa, o espaço fechado do grupo voltado para si mesmo e, de certo modo, a relação consigo mesmo, enquanto Hermes, deus do umbral e da porta, mas também das encruzilhadas e das entradas das cidades, representa o movimento e a relação com o outro. A identidade e a relação estão no cerne de todos os dispositivos espaciais estudados classicamente pela antropologia.

A história também, pois todas as relações inscritas no espaço se inscrevem também na duração, e as formas espaciais simples que acabamos de evocar só se concretizam no e pelo tempo. Em primeiro lugar, sua realidade é histórica: na África, como muitas vezes em outros lugares, os relatos de fundação das aldeias ou dos reinos retraçam geralmente todo um itinerário, pontuado de paradas diversas, anteriores ao estabelecimento definitivo. Sabemos igualmente que os mercados, como as capitais políticas, têm uma história; alguns se criam enquanto outros desaparecem. A aquisição ou a criação de um deus podem ser datadas e há cultos e santuários como há mercados e capitais políticas: quer eles perdurem, quer se expandam ou desapareçam, o espaço de seu crescimento ou de sua regressão é um espaço histórico.

Mas é sobre a dimensão materialmente temporal desses espaços que seria preciso dizer uma palavra. Os itinerários são calculados em horas ou em jornadas de marcha. A praça do mercado só merece esse título em certos dias. Na África Ocidental, é fácil distinguir zonas de troca em cujo interior se estabelece, ao longo da semana, uma rotação dos lugares e dias de mercado. Os locais consagrados aos cultos e às reuniões políticas ou religiosas são apenas por momentos, em geral em datas fixas, objeto de tal consagração. As cerimônias de iniciação, os rituais de fecundidade ocorrem em intervalos regulares: o calendário religioso ou social modela-se geralmente em cima do calendário agrícola, e a sacralidade dos locais onde se concentra a atividade ritual é uma sacralidade que se poderia dizer alternativa. Assim, aliás, criam-se as condições de uma memória que se vincula a certos lugares e contribui para reforçar seu caráter sagrado. Para Durkheim, em *As formas elementares da vida religiosa*, a noção de sagrado está ligada ao caráter retrospectivo que decorre ele próprio do caráter alternativo da festa ou da cerimônia. Se a Páscoa judaica ou uma reunião de ex-combatentes lhe parecem igualmente "religiosas" ou "sagradas", é porque elas são a oportunidade para cada um dos participantes não só de tomar consciência da coletividade da qual faz parte mas também de rememorar as celebrações anteriores.

O monumento, como indica a etimologia latina da palavra, pretende ser a expressão tangível da permanência ou, pelo menos, da duração. É preciso haver altares aos deuses, palácios e tronos para os soberanos, para que não fiquem sujeitos às contingências temporais. Eles permitem, assim, pensar a continuidade das gerações. O que expressa bem, à sua maneira, uma das interpretações da nosologia africana tradicional que pretende que uma doença possa ser imputada à ação de um deus irado ao ver seu altar negligenciado pelo sucessor daquele que o edificara. Sem a ilusão monumental, aos olhos dos vivos, a história não passaria de uma abstração. O espaço social é repleto de monumentos não diretamente funcionais, imponentes construções de pedra ou modestos altares de terra, em relação aos quais cada indivíduo pode ter a sensação justificada de que, para a maioria, eles preexistiam a ele e a ele sobreviverão. Estranhamente, uma série de rupturas e descontinuidades no espaço é que representa a continuidade do tempo.

Sem dúvida, pode-se imputar esse efeito mágico da construção espacial ao fato de que o próprio corpo humano é concebido como uma porção de espaço, com suas fronteiras, centros vitais, defesas e fraquezas, sua couraça e defeitos. Ao menos no plano da imaginação (mas que se confunde para inúmeras culturas com aquele da simbólica social), o corpo é um espaço compósito e hierarquizado que pode ser investido do exterior. Se temos exemplos de territórios pensados à imagem do corpo humano, o corpo humano é muito geralmente, ao contrário, pensado como um território. Na África Ocidental, por exemplo, os componentes da personalidade são concebidos nos termos de uma tópica que pode lembrar a tópica freudiana, mas que se aplica a realidades concebidas como substancialmente materiais. Assim, nas civilizações akan (das atuais Gana e Costa do Marfim), duas "instâncias" definem o psiquismo de cada indivíduo; o caráter material de sua existência é comprovado diretamente pelo fato de que uma delas é assimilada à sombra levada do corpo e indiretamente pelo fato de que o enfraquecimento do corpo é atribuído ao enfraquecimento ou à partida de uma delas. Sua perfeita coincidência define a saúde. Se acordar alguém bruscamente pode, em contrapartida, matá-lo, é porque uma dessas "instâncias", o duplo que vagueia pela noite, pode não ter tido tempo de reintegrar seu corpo no movimento de despertar.

Os próprios órgãos internos ou certas partes do corpo (os rins, a cabeça, o dedão do pé) são muitas vezes concebidos como autônomos, sede, por vezes, de uma presença ancestral e, nessa qualidade, objeto de cultos específicos. O corpo se torna, assim, um conjunto de lugares de culto; nele distinguem-se zonas que são objeto de unções ou lustrações. Então, é sobre o próprio corpo humano que vemos surgir os efeitos dos quais falávamos a propósito da construção do espaço. Os itinerários do sonho são perigosos a partir do momento que se afastam demais do corpo concebido como centro. Esse corpo centrado é também aquele onde se encontram e se reúnem elementos ancestrais, tendo essa reunião valor monumental na medida em que diz respeito a elementos que preexistiram e sobreviverão ao invólucro carnal efêmero. Às vezes, a modificação do corpo ou a edificação de um túmulo concluem, após a morte, a transformação do corpo em monumento.

Vê-se, assim, com base em formas espaciais simples, cruzarem-se e combinarem-se temática individual e temática coletiva. O simbolismo político joga com essas possibilidades para expressar o poder da autoridade que unifica e simboliza, na unidade de uma figura soberana, as diversidades internas de uma coletividade social. Às vezes, ela chega a isso distinguindo o corpo do rei dos outros corpos como um corpo múltiplo. O tema do duplo corpo do rei é totalmente pertinente na África. Assim, o soberano agni do Sanwi, na atual Costa do Marfim, tinha um duplo de si mesmo, escravo de origem, que chamavam de Ekala, do nome de um dos dois componentes ou instâncias evocados acima: forte, com dois corpos e dois *ekala* (o seu e o de seu duplo escravo), o soberano agni supostamente gozava de uma proteção particularmente eficaz, o corpo do duplo escravo fazendo obstáculo a qualquer agressão que visasse a pessoa do rei. Se ele falhasse nesse papel, se o rei morresse, seu *ekala* o acompanharia naturalmente na morte. Porém, mais notáveis e mais atestadas que a multiplicação do corpo real, reterão nossa atenção a concentração e a condensação do espaço onde está localizada a autoridade soberana. Muito frequentemente, o soberano é fixado na residência, condenado, além disso, a uma quase imobilidade, a horas de exposição no trono real, apresentado como um objeto a seus súditos. Essa passividade-massividade do corpo soberano impressionara Frazer e, por intermédio dele, Durkheim, que aí constatava um traço comum a realezas muito distantes entre si no tempo e no espaço, como o México antigo, a África do golfo de Benin ou o Japão. Particularmente notável, em todos esses casos de representação, é a possibilidade de um objeto (trono, coroa) ou um outro corpo humano ser, por momentos, capaz de substituir o corpo do soberano para garantir a função do centro fixo do reino que o condena a longas horas de imobilidade mineral.

Essa imobilidade e a estreiteza dos limites no interior dos quais se situa a figura soberana compõem, literalmente, um centro que reforça a perenidade da dinastia e que ordena e unifica a diversidade interna do corpo social. Observemos que a identificação do poder com o lugar no qual ele é exercido ou com o monumento que abriga seus representantes é a regra constante no discurso político dos Estados modernos. A Casa Branca e o Kremlim são, ao mesmo tempo, para aqueles que os nomeiam, lugares monumentais, homens e estruturas de poder. Ao cabo de sucessivas metonímias, é-nos habitual designar um país por sua capital e esta pelo nome do edifício que seus governantes ocupam. A linguagem política é naturalmente espacial (nem que seja quando se fala em direita e esquerda), sem dúvida porque lhe é necessário pensar simultaneamente a unidade e a diversidade — sendo a centralidade a expressão mais aproximada, mais cheia de imagens e mais material, ao mesmo tempo, dessa dupla e contraditória obrigação intelectual.

As noções de itinerário, de interseção, de centro e de monumento não são simplesmente úteis à descrição dos lugares antropológicos tradicionais. Elas dão conta, parcialmente, do espaço francês contemporâneo, especialmente de seu espaço urbano. Paradoxalmente, permitem mesmo caracterizá-lo enquanto, por definição, constituem critérios de comparação.

É costume dizer que a França é um país centralizado. É exatamente isso o que ela é no plano político, pelo menos a partir do século XVII. Apesar dos recentes esforços de regionalização, ela continua a ser um país centralizado no plano administrativo (tendo sido, inicialmente, o ideal da Revolução Francesa operar a divisão das circunscrições administrativas segundo um modelo pura e rigidamente geométrico). Ela continua a sê-lo no espírito dos franceses, por causa, notadamente, da organização de suas redes rodoviária e ferroviária, concebidas ambas, pelo menos no início, como duas teias de aranha cujo centro Paris ocuparia.

Para ser mais exato, seria necessário precisar que, se nenhuma capital do mundo é concebida como Paris, não há nenhuma cidade francesa que aspire a ser o centro de uma região de dimensão variável e que tenha conseguido, ao longo dos anos e dos séculos, constituir-se como centro monumental (o que chamamos de "centro da cidade") que, ao mesmo tempo, materialize e simbolize essa aspiração. As mais modestas cidades francesas e até mesmo as aldeias sempre comportam um "centro" onde ficam próximos os monumentos que simbolizam um a autoridade religiosa (a igreja), outro a autoridade civil (a prefeitura, a subadministração ou a administração nas cidades importantes). A igreja (católica, na maioria das regiões francesas) fica situada numa praça por onde passam, frequentemente, os itinerários que permitem atravessar a cidade. A prefeitura nunca fica longe, mesmo quando acontece de ela definir um espaço próprio e de haver uma praça da prefeitura ao lado da praça da igreja. Também no centro da cidade, e sempre nas proximidades da igreja e da prefeitura, foi erguido um monumento aos mortos. De concepção leiga, ele não é verdadeiramente um local de culto, mas um monumento de valor histórico (uma homenagem àqueles que morreram nas duas últimas guerras mundiais e cujos nomes estão gravados na pedra): em certas datas comemorativas, notadamente o 11 de novembro, as autoridades civis e eventualmente militares aí comemoram o sacrifício daqueles que tombaram pela pátria. São, como se diz, "cerimônias da recordação", que correspondem à definição ampliada, isto é, social, que propõe Durkheim, do fato religioso. Sem dúvida, elas têm uma vantagem particular pelo fato de se situarem num lugar onde, mais antigamente, expressava-se de maneira mais cotidiana a intimidade dos vivos e dos mortos: ainda se encontram traços, em certos vilarejos, de uma disposição que remonta à época medieval, durante a qual o cemitério cercava a igreja, em pleno centro da vida social ativa.

O centro da cidade é um lugar ativo, realmente; na concepção tradicional das cidades de província e dos vilarejos (aquela à qual autores como Giraudoux ou Jules Romain deram uma existência literária durante a primeira metade do século XX), nas cidades e vilarejos como se apresentavam na Terceira República e como muitos deles se apresentam ainda hoje, é no centro da cidade que estão agrupados um certo número de bares, hotéis e lojas, não longe da praça onde fica a feira, quando a praça da igreja e a do mercado não se confundem. Em intervalos semanais regulares (o domingo e o dia de feira), o centro "se anima", e é uma reclamação frequentemente dirigida às cidades novas, originárias de projetos de urbanismo ao mesmo tempo tecnicistas e voluntaristas, não oferecerem um equivalente aos lugares de vida produzidos por uma história mais antiga e mais lenta, onde os itinerários singulares se cruzam e se misturam, onde se trocam palavras e se esquecem as solidões por um instante, na porta da igreja, da prefeitura, no caixa do café, na padaria: o ritmo meio preguiçoso e a atmosfera propícia à conversa da manhã de domingo são sempre uma realidade contemporânea da França provinciana.

Essa França poderia ser definida como um conjunto, uma reunião de centros de maior ou menor importância que polarizam a atividade administrativa, festiva e comercial de uma região de amplitude variável. A organização dos itinerários, isto é, o sistema rodoviário que liga esses centros uns aos outros por uma rede, a bem dizer fechadíssima, de estradas nacionais (entre centros de importância nacional) e de estradas departamentais (entre centros de importância departamental) dá conta desse dispositivo policêntrico e hierarquizado: nas sinalizações de quilometragem que aparecem regularmente na estrada, até pouco tempo, era feita menção à distância da aglomeração mais próxima e à primeira cidade importante que ela atravessava. Hoje, essas indicações figuram em grandes painéis mais legíveis — que correspondem à intensificação e à aceleração do tráfego.

Toda aglomeração, na França, aspira a ser o centro de um espaço significativo e de, pelo menos, uma atividade específica. Se Lyon, que é uma metrópole, reivindica, entre outros títulos, o de "capital da gastronomia", uma cidade pequena como Thiers pode se dizer "capital da cutelaria", um grande burgo como Digouin, "capital da cerâmica", e uma grande cidade do interior, como Janzé, "berço do frango caipira". Esses títulos de glória figuram, hoje, na entrada das aglomerações e ao lado das indicações mencionam sua irmandade com outras cidades ou vilarejos da Europa. Essas indicações, que fornecem, de certo modo, uma prova de modernidade e de integração no novo espaço econômico europeu, coexistem com outras indicações (e outros painéis de informação) que fazem um inventário detalhado das curiosidades do lugar: capelas dos séculos XIV ou XV, castelos, megálitos, museus de artesanato, renda ou cerâmica. A profundidade histórica é reivindicada, assim como a abertura para o exterior, como se aquela equilibrasse esta. Toda cidade e toda aldeia que não são de criação recente reivindicam sua história, apresentam-na ao automobilista de passagem numa série de painéis que constituem uma espécie de cartão de visitas. Essa explicitação do contexto histórico é bastante recente, de fato, e coincide com uma reorganização do espaço (criação de desvios periurbanos, de grandes eixos rodoviários fora da aglomeração) que tende, inversamente, a curto-circuitar esse contexto evitando os monumentos que dão testemunho delas. Pode-se interpretá-lo muito legitimamente, como tendendo a seduzir e a reter o passante, o turista; mas só se pode atribuir-lhe, precisamente, alguma eficácia com relação a isso relacionando-a com o gosto pela história e pelas identidades arraigadas na terra, que marca incontestavelmente a sensibilidade francesa destes últimos 20 anos. O monumento datado é reivindicado como uma prova de autenticidade que deve provocar interesse por si só: cava-se um fosso entre o presente da paisagem e o passado ao qual ele faz alusão. A alusão ao passado torna mais complexo o presente.

É preciso acrescentar que uma dimensão histórica mínima sempre foi imposta ao espaço urbano e aldeias francesas pelo uso dos nomes de rua. Ruas e praças foram antigamente ocasião de comemorações. Certamente, é tradição que alguns monumentos, ao termo de um efeito de redundância que tem, aliás, um certo encanto, forneçam um nome às ruas que a eles conduzem ou às praças onde foram edificados. Assim, não se conta mais as ruas da Estação, as ruas do Teatro ou as praças da Prefeitura. Porém, na maior parte das vezes, são notabilidades da vida local ou nacional, ou ainda grandes fatos da história nacional que dão nome às artérias das cidades e aldeias, de modo que, se fosse preciso fazer a exegese de todos os nomes de rua de uma metrópole como Paris, seria preciso reescrever toda a história da França, de Vercingetórix a De Gaulle. Quem toma o metrô regularmente e se familiariza com o subsolo parisiense e com os nomes de estação que evocam as ruas ou os monumentos da superfície participa dessa imersão cotidiana e marginal na história que caracteriza o pedestre de Paris, para quem Alésia, Bastille ou Solférino são mais marcos espaciais que referências históricas.

Os caminhos e cruzamentos na França tendem, assim, a se tornar "monumentos" (no sentido de testemunhos e recordações) na medida em que seu nome de batismo os mergulha na história. Essa incessante referência à história provoca frequentes coincidências entre as noções de itinerários, cruzamentos e monumentos. Essas coincidências são particularmente claras nas cidades (e especialmente em Paris), onde a referência histórica é sempre mais maciça. Não existe um centro de Paris; este é figurado nos painéis rodoviários ora pelo desenho da Torre Eiffel, ora pela menção "Paris-Notre-Dame" que alude ao coração original e histórico da capital, a *Île de la Cité*, contida pelos braços do Sena a vários quilômetros da Torre Eiffel. Há, portanto, vários centros em Paris. No plano administrati-

66

vo, é preciso notar uma ambiguidade que sempre constituiu um problema em nossa vida política (o que demonstra bem seu grau de centralismo): Paris é, ao mesmo tempo, uma cidade, dividida em 20 distritos, e a capital da França. Os parisienses puderam acreditar, em várias ocasiões, que estavam fazendo a história da França, convicção ancorada na lembrança de 1789 e que, às vezes, provoca uma tensão entre o poder nacional e o poder municipal. Até uma data recente, não houve prefeito de Paris, desde 1795, com uma exceção durante a revolução de 1848, mas divisão da capital em 20 distritos e 20 administrações sob a tutela conjunta do administrador do Sena e do chefe de polícia. O Conselho Municipal data apenas de 1834. Quando, há alguns anos, reformou-se o estatuto da capital e Jacques Chirac tornou-se prefeito de Paris, uma parte do debate político teve por objeto saber se esse posto o ajudaria ou não a vir a ser presidente da República. Ninguém pensou realmente que a gestão de uma cidade que agrupa, todavia, um de cada seis franceses fosse um fim em si. A existência de três palácios parisienses (o Eliseu, Matignon e o Hôtel de Ville), de vocações distintas, certamente, mas de distinção bastante problemática, e aos quais se deve acrescentar pelo menos dois monumentos de importância equivalente, o palácio de Luxemburgo (onde fica a sede do Senado) e a Assembleia Nacional (onde fica a sede dos deputados), mostra que a metáfora geográfica dá ainda mais facilmente conta de nossa vida política, que se quer centralizada e, não obstante a distinção dos poderes e funções, aspira sempre a definir ou a reconhecer um centro do centro, de onde tudo partiria e para onde tudo voltaria. Não se trata, evidentemente, de simples metáfora quando nos consultamos, em certos momentos, para saber se o centro do poder se desloca do Eliseu para Matignon, até mesmo de Matignon para o Palais-Royal (onde fica a sede do Conselho Constitucional): e podemos nos perguntar se o caráter sempre tenso e agitado da vida democrática na França não tem a ver, por um lado, com a tensão entre um ideal político de pluralidade, de democracia e de equilíbrio, sobre o qual todo o mundo está de acordo teoricamente, e um modelo intelectual, geográfico-político, de governo, herdado da história, pouco compatível com esse ideal e que incita incessantemente os franceses a repensarem os fundamentos e a redefinir o centro.

No plano geográfico, e para os parisienses que ainda têm tempo de flanar, e que não são muito numerosos, o centro de Paris poderia ser então um itinerário, o do curso do Sena, que os *bateaux-mouches* descem e sobem e de onde se pode enxergar a maioria dos monumentos históricos e políticos da capital. Há, porém, outros centros que se identificam, aliás, com praças, cruzamentos portadores de monumentos (Étoile, Concorde), com os próprios monumentos (a Ópera, Madeleine) ou com as artérias que a eles conduzem (avenida da Ópera, rua de la Paix, Champs-Elysées), como se, na capital da França, tudo devesse virar centro e monumento. O que é, de certo modo, o caso, com efeito, no momento atual, enquanto se esfumam os caracteres específicos dos diferentes distritos. Cada um deles, como se sabe, tinha um caráter: os clichês das canções que celebram Paris têm fundamento, e com certeza poder-se-ia fazer uma fina descrição dos distritos, de suas atividades, de sua "personalidade", no sentido que os antropólogos americanos usam esse termo, mas também de suas transformações e dos movimentos

68

de população que modificam sua composição étnica ou social. Os romances policiais de Léo Malet, muitas vezes situados no 14° e 15° distritos, despertam a nostalgia dos anos 1950, mas não são, absolutamente, inatuais.

Não importa: mora-se cada vez menos em Paris, por mais que se trabalhe sempre muito lá, e esse movimento parece o sinal de uma mudança mais geral em nosso país. A relação com a história que povoa nossas paisagens talvez esteja em vias de estetizar-se e, simultaneamente, dessocializar-se e artificializar-se. É claro que comemoramos, com o mesmo ardor, Hugo Capeto e a Revolução de 1789; sempre somos capazes de afrontarmo-nos duramente, baseando-nos em uma relação diferente com nosso passado comum e de interpretações contrárias dos acontecimentos que o marcaram. Porém, a partir de Malraux, nossas cidades se transformaram em museus (monumentos revalorizados, expostos, iluminados, setores reservados e ruas para pedestres), enquanto desvios, rodovias, trens de alta velocidade e vias expressas nos desviam deles.

Esse desvio, contudo, não deixa de provocar remorsos — como o comprovam as inúmeras indicações que nos convidam a não ignorar os esplendores da terra e os vestígios da história. Contraste: é nas entradas das cidades, no espaço melancólico dos grandes conjuntos, das zonas industrializadas e dos supermercados que são plantados os painéis que nos convidam a visitar os monumentos antigos; ao longo das rodovias, que se multiplicam as referências às curiosidades locais que deveriam reter-nos enquanto só passamos, como se a alusão ao tempo e aos lugares antigos, hoje, fosse apenas uma maneira de dizer o espaço presente.

DOS LUGARES AOS NÃO LUGARES

Presença do passado no presente que o ultrapassa e o reivindica: é nessa conciliação que Jean Starobinski vê a essência da modernidade. Ele observa, a esse propósito, num artigo recente, que autores eminentemente representativos da modernidade em arte deram-se "a possibilidade de uma polifonia onde o entrecruzamento virtualmente infinito dos destinos, atos, pensamentos e reminiscências pode basear-se numa marcha de baixo que soa as horas do dia terrestre e que marca o lugar que aí ocupava (que ainda poderia aí ocupar) o antigo ritual". Ele cita as primeiras páginas do *Ulisses* de Joyce, em que se fazem ouvir as palavras da liturgia: "*Introibo ad altare Dei*"; o início de *Em busca do tempo perdido*, em que a ronda das horas em torno do campanário de Combray ordena o ritmo "de um vasto e único dia burguês..."; ou ainda *Histoire* de

Claude Simon, em que "as lembranças da escola religiosa, a oração matinal em latim, o *benedicite* do meio-dia, o *angelus* do cair da tarde fixam pontos de referência por entre as janelas, os planos recortados, as citações de toda ordem, que provêm de todos os tempos da existência, do imaginário e do passado histórico, e que proliferam numa aparente desordem, em torno de um segredo central..." Essas "figuras pré-modernas da temporalidade contínua com as quais o escritor moderno pretende mostrar que não as esqueceu no momento mesmo em que se liberta delas" são, aliás, figuras espaciais específicas de um mundo que Jacques Le Goff mostrou como se construiu, a partir da Idade Média, em torno da sua igreja e do seu campanário, pela conciliação de uma paisagem recentrada e de um tempo reordenado. O artigo de Starobinski abre-se significativamente sobre uma citação de Baudelaire e do primeiro poema dos *Tableaux parisiens,* onde o espetáculo da modernidade reúne num mesmo impulso:

> *... a oficina que canta e tagarela;*
> *as chaminés, os campanários, esses mastros da cidade,*
> E os grandes céus que levam a sonhar com a eternidade.[*]

"Marcha de baixo": a expressão usada por Starobinski para evocar os lugares e os ritmos antigos é significativa — a modernidade não as apaga, mas as coloca em segundo plano. Eles são como

---

[*] No original: "... l'atelier qui chante et qui bavarde;/Les tuyaux, les clochers, ces mâts de la cité,/Et les grands ciels qui font rêver d'éternité". (N.T.)

que indicadores do tempo que passa e que sobrevive. Perduram como as palavras que os expressam e ainda os expressarão. A modernidade em arte preserva todas as temporalidades do lugar, tais como se fixam no espaço e na palavra.

Por trás da ronda das horas e dos pontos fortes da paisagem, encontramos, na verdade, palavras e linguagens: palavras especializadas da liturgia, do "antigo ritual", em contraste com aquelas da oficina "que canta e tagarela"; palavras também de todos os que, falando a mesma linguagem, reconhecem que elas pertencem ao mesmo mundo. O lugar se completa pela fala, a troca alusiva de algumas senhas, na convivência e na intimidade cúmplice dos locutores. Vincent Descombes escreve, assim, a propósito da Françoise de Proust, que ela compartilha e define um território "retórico" com todos aqueles que são capazes de entrar em suas razões, todos aqueles cujos aforismos, vocabulário e tipos de argumentação compõem uma "cosmologia", a que o narrador de *Em busca do tempo perdido* chama de "a filosofia de Combray".

Se um lugar pode se definir como identitário, relacional e histórico, um espaço que não pode se definir nem como identitário, nem como relacional, nem como histórico definirá um não lugar. A hipótese aqui defendida é a de que a supermodernidade é produtora de não lugares, isto é, de espaços que não são em si lugares antropológicos e que, contrariamente à modernidade baudelairiana, não integram os lugares antigos: estes, repertoriados, classificados e promovidos a "lugares de memória", ocupam aí um lugar circunscrito e específico. Um mundo onde se nasce numa clínica e se morre num hospital, onde se multiplicam, em modalidades luxuosas ou desumanas, os pontos de trânsito e as ocupações provisórias (as cadeias de hotéis e os terrenos invadidos, os clubes de férias, os acampamentos de refugiados, as favelas destinadas aos desempregados ou à perenidade que apodrece), onde se desenvolve uma rede cerrada de meios de transporte que são também espaços habitados, onde o frequentador das grandes superfícies, das máquinas automáticas e dos cartões de crédito renovado com os gestos do comércio "em surdina", um mundo assim prometido à individualidade solitária, à passagem, ao provisório e ao efêmero, propõe ao antropólogo, como aos outros, um objeto novo cujas dimensões inéditas convém calcular antes de se perguntar a que olhar ele está sujeito. Acrescentemos que existe evidentemente o não lugar como o lugar: ele nunca existe sob uma forma pura; lugares se recompõem nele; relações se reconstituem nele; as "astúcias milenares" da "invenção do cotidiano" e das "artes de fazer", das quais Michel de Certeau propôs análises tão sutis, podem abrir nele um caminho para si e aí desenvolver suas estratégias. O lugar e o não lugar são, antes, polaridades fugidias: o primeiro nunca é completamente apagado e o segundo nunca se realiza totalmente — palimpsestos em que se reinscreve, sem cessar, o jogo embaralhado da identidade e da relação. Os não lugares, contudo, são a medida da época; medida quantificável e que se poderia tomar somando, mediante algumas conversões entre superfície, volume e distância, as vias aéreas, ferroviárias, rodoviárias e os domicílios móveis considerados "meios de transporte" (aviões, trens, ônibus), os aeroportos, as estações e as estações aeroespaciais, as grandes cadeias de hotéis, os parques de lazer, e as grandes superfícies da distribuição, a meada complexa, enfim, redes a cabo ou sem fio, que mobilizam o espaço extraterrestre para uma comunicação tão estranha que muitas vezes só põe o indivíduo em contato com uma outra imagem de si mesmo.

A distinção entre lugares e não lugares passa pela oposição do lugar ao espaço. Michel de Certeau propôs, das noções de lugar e de espaço, uma análise que constitui, aqui, um antecedente obrigatório. Ele não opõe, por sua vez, os "lugares" aos "espaços" como os "lugares" aos "não lugares". O espaço, para ele, é um "lugar praticado", "um cruzamento de forças motrizes": são os passantes que transformam em espaço a rua geometricamente definida pelo urbanismo como lugar. A essa colocação paralela do lugar como conjunto de elementos, coexistindo dentro de uma certa ordem, e do espaço como animação desses lugares, pelo deslocamento de uma força motriz, correspondem várias referências que precisam seus termos. A primeira referência (p. 173) é a Merleau-Ponty que, em sua *Fenomenologia da percepção*, distingue do espaço "geométrico" o "espaço antropológico" como espaço "existencial", lugar de uma experiência de relação com o mundo de um ser essencialmente situado "em relação com um meio". A segunda é à fala e ao ato de locução: "O espaço seria para o lugar o que se torna a palavra quando é falada, isto é, quando é apreendida na ambiguidade de uma efetivação, transformado num termo dependente de múltiplas convenções, colocado como o ato de um presente (ou de um tempo) e modificado pelas transformações devidas a vizinhanças sucessivas..." (p. 173). A terceira decorre da anterior e privilegia o relato como trabalho que, incessantemente, "transforma lugares em espaços ou espaços em lugares" (p. 174). A isso segue-se, naturalmente, uma distinção entre "fazer" e "ver", que se pode notar na linguagem comum que sucessivamente propõe um quadro ("há...") e organiza movimentos ("você entra, atravessa, vira..."), ou nos indicadores dos mapas — desde os mapas medievais, que comportam essencialmente o traçado de percursos e itinerários, até mapas mais recentes de onde desapareceram "os descritores de percurso" e que apresentam, com base em "elementos de origem disparatada", um "estado" do saber geográfico. O relato, enfim, e especialmente o relato de viagem, compõe com a dupla necessidade de "fazer" e de "ver" (histórias de marchas e de gestos são sinalizadas pela citação dos lugares que delas resultam ou que as autorizam", p. 177), mas deriva definitivamente do que Certeau chama de "delinquência" porque "atravessa", "transgride" e consagra "o privilégio do percurso sobre o estado" (p. 190).

Nesse ponto, são necessários alguns rigores terminológicos. O lugar, como o definimos aqui, não é absolutamente o lugar que Certeau opõe ao espaço, como a figura geométrica ao movimento, a palavra calada à palavra falada ou o estado ao percurso: é o lugar do sentido inscrito e simbolizado, o lugar antropológico. Naturalmente, é preciso que esse sentido seja posto em ação, que o lugar se anime e que os percursos se efetuem, e nada proíbe falar de espaço para descrever esse movimento. Porém, esse não é nosso propósito: incluímos na noção de lugar antropológico a possibilidade dos percursos que nele se efetuam, dos discursos que nele se pronunciam e da linguagem que o caracteriza. E a noção de espaço, como é usada hoje (para falar da conquista espacial, em termos, em suma, mais funcionais do que líricos, ou para designar o melhor ou o menos mal possível, na linguagem recente, mas já estereotipada das instituições da viagem, da hotelaria ou do lazer, dos lugares desqualificados ou pouco qualificáveis: "espaços-lazeres", "espaços-jogos", comparáveis a "ponto de encontro"), parece poder se aplicar de maneira útil, pelo próprio fato de sua ausência de caracterização, às superfícies não simbólicas do planeta.

Poderíamos, então, ser tentados a opor o espaço simbólico do lugar ao espaço não simbólico do não lugar. Mas isso seria ater-nos a uma definição negativa dos não lugares, que foi a nossa até agora, e que a análise da noção de espaço proposta por Michel de Certeau pode nos ajudar a superar.

O termo "espaço", em si mesmo, é mais abstrato do que o de "lugar", por cujo emprego referimo-nos, pelo menos, a um acontecimento (que ocorreu), a um mito (lugar-dito) ou a uma história (lugar histórico). Ele se aplica indiferentemente a uma extensão, a uma distância entre duas coisas ou dois pontos (deixa-se um "espaço" de dois metros entre cada moirão de uma cerca), ou a uma grandeza temporal ("no espaço de uma semana"). Ele é, portanto, eminentemente abstrato, e é significativo que seja feito dele, hoje, um uso sistemático, ainda que pouco diferenciado, na língua corrente e nas linguagens particulares de certas instituições representativas do nosso tempo. O *Grand Larousse illustré* dá destaque à expressão "espaço aéreo", que designa uma parte da atmosfera cuja circulação aérea (menos concreta do que seu homólogo do domínio marítimo: "as águas territoriais") um Estado controla, mas cita também outros empregos que comprovam a plasticidade do termo. Na expressão "espaço judiciário europeu", vê-se bem que a noção de fronteira está implicada, mas que, abstraída essa noção de fronteira, é de todo um conjunto institucional e normativo pouco localizável que se está tratando. A expressão "espaço publicitário" aplica-se indiferentemente a uma porção de superfície ou de tempo "destinado a receber publicidade nos diferentes veículos de comunicação", e a expressão "compra de espaço" aplica-se ao conjunto das "operações efetuadas por uma agência de publicidade sobre um espaço publicitário". A voga do termo "espaço", aplicado tanto a salas de espetáculo como de encontro ("Espaço Cardin", em Paris, "Espaço Yves Rocher", em La Gacilly), a jardins ("espaços verdes"), a assentos de avião ("Espaço 2000") ou a automóveis ("Espace" Renault), comprovam, ao mesmo tempo, termos que povoam a época contemporânea (a publicidade, a imagem, o lazer, a liberdade, o deslocamento) e a abstração que os corrói e ameaça, como se os consumidores de espaço contemporâneo fossem, antes de mais nada, convidados a se contentar com palavras.

Praticar o espaço, escreve Michel de Certeau, é "repetir a experiência jubilosa e silenciosa da infância: é, no lugar, ser outro e passar ao outro" (p. 164). A experiência jubilosa e silenciosa da infância é a experiência da primeira viagem, do nascimento como experiência primordial da diferenciação, do reconhecimento de si como si mesmo e como outro, que reitera a do andar como primeira prática do espaço e a do espelho como primeira identificação com a imagem de si. Todo relato volta à infância. Ao recorrer à expressão "relatos de espaço", Certeau quer tanto falar dos relatos que "atravessam" e "organizam" lugares ("Todo relato é um relato de viagem...", p. 171) quanto do lugar que constitui a escritura do relato ("... a leitura é o espaço produzido pela prática do lugar que constitui um sistema de signos — um relato", p. 173). Porém, esse livro se escreve antes de se ler; ele passa por diferentes lugares, antes de constituir um: como a viagem, o relato que fala dele atravessa vários lugares. Essa pluralidade de lugares, o excesso que ela impõe ao olhar e à descrição (como ver tudo? como dizer tudo?), e o efeito de "expatriação" que daí resulta (nos remeteremos a ele mais tarde, por exemplo, comentando a fotografia que fixou o instante: "Veja só, sou eu, ao pé do Partenon", mas, no instante, acontecia de nos espantarmos: "Que é que vim fazer aqui?") introduzem entre o viajante-espectador e o espaço da paisagem que ele percorre ou contempla uma ruptura que o impede de ver aí um lugar, de aí se encontrar plenamente, mesmo que tente preencher esse vazio com as informações múltiplas e detalhadas que lhe propõem os guias turísticos... ou os relatos de viagem.

Quando Michel de Certeau fala em "não lugar" é para fazer alusão a uma espécie de qualidade negativa do lugar, de uma ausência do lugar em si mesmo que lhe impõe o nome que lhe é dado. Os nomes próprios, diz-nos ele, impõem ao lugar "uma injunção vinda do outro (uma história...)". E é verdade que aquele que, ao traçar um itinerário, enuncia seus nomes não conhece necessariamente muita coisa dele. Porém, os nomes, por si só, bastam para produzir no lugar "aquela erosão ou não lugar que aí cava a lei do outro" (p. 159)? Todo itinerário, precisa Michel de Certeau, é de certo modo "desviado" pelos nomes que lhe dão "sentidos (ou direções) até aí imprevisíveis". E acrescenta: "Esses nomes criam o não lugar nos lugares; eles os transformam em passagens" (p. 156). Poderíamos dizer, inversamente, que o fato de passar dá um estatuto particular aos nomes de lugar, que a fenda escavada pela lei do outro e onde o olhar se perde é o horizonte de toda viagem (soma de lugares, negação do lugar), e que o movimento que "desloca as linhas" e atravessa os lugares é, por definição, criador de itinerários, isto é, de palavras e de não lugares.

O espaço como prática *dos* lugares e não do lugar procede, na verdade, de um duplo deslocamento: do viajante, é claro, mas também, paralelamente, das paisagens, das quais ele nunca tem senão visões parciais, "instantâneos", somados confusamente em sua memória e, literalmente, recompostos no relato que ele faz delas ou no encadeamento dos *slides* com os quais, na volta, ele impõe o comentário a seu círculo. A viagem (aquela da qual o etnólogo desconfia a ponto de "odiá-la") constrói uma relação fictícia entre olhar e paisagem. E, se chamarmos de "espaço" à prática *dos* lugares que define especificamente a viagem, ainda é preciso acrescentar que existem espaços onde o indivíduo se experimenta como espectador, sem que a natureza do espetáculo lhe importe realmente. Como se a posição do espectador constituísse o essencial do espetáculo, como se, definitivamente, o espectador, em posição de espectador, fosse para si mesmo seu próprio espetáculo. Muitos prospectos turísticos sugerem um tal desvio, um tal giro do olhar, propondo por antecipação ao amador de viagens a imagem de rostos curiosos ou contemplativos, solitários ou reunidos, que escrutam o infinito do oceano, a cadeia circular de montanhas nevadas ou a linha de fuga de um horizonte urbano repleto de arranha-céus: sua imagem, em suma, sua imagem antecipada, que só fala dele, mas porta um outro nome (Taiti, o Alpe de Huez, Nova York). O espaço do viajante seria, assim, o arquétipo do *não lugar*.

O movimento acrescenta à coexistência dos mundos e à experiência combinada do lugar antropológico e daquele que não o é mais (pela qual Starobinski define, em suma, a modernidade) a experiência particular de uma forma de solidão e, em sentido literal, de uma "tomada de posição" — a experiência daquele que, diante da paisagem que é obrigado a contemplar e que não pode contemplar, "toma a pose" e tira da consciência dessa atitude um prazer raro e, às vezes, melancólico. Portanto, não é de se espantar que seja entre os "viajantes" solitários do século XIX, não os viajantes profissionais ou os cientistas, mas os viajantes acidentais, de pretexto ou de ocasião, que estejamos aptos a encontrar a evocação profética de espaço, onde nem a identidade, nem a relação, nem a história fazem realmente sentido, onde a solidão é sentida como superação ou esvaziamento da individualidade, onde só o movimento das imagens deixa entrever, por instantes, àquele que as olha fugir, a hipótese de um passado e a possibilidade de um futuro.

Mais ainda do que em Baudelaire, que se satisfazia com o convite à viagem, estamos pensando aqui em Chateaubriand, que não para de viajar efetivamente, e que sabe ver, mas vê sobretudo a morte das civilizações, a destruição ou a insipidez das paisagens onde elas outrora reluziam, os vestígios enganosos dos monumentos que desabaram. Desaparecida a Lacedemônia, a Grécia em ruínas ocupada por um invasor ignorante de seus antigos esplendores remetem ao viajante "de passagem" a imagem simultânea da história perdida e da vida que passa, mas é o próprio movimento da viagem que o seduz e o arrasta. Esse movimento não tem outro fim senão ele mesmo — senão aquele da escrita que fixa e reitera sua imagem.

Tudo é dito claramente desde o primeiro prefácio do *Itinerário de Paris a Jerusalém*. Aí, Chateaubriand se defende de ter feito sua viagem "para escrevê-lo", mas reconhece que queria procurar aí "imagens" para *Os mártires*. Ele não pretende a ciência: "Não caminho em cima das pegadas dos Chardin, dos Tavernier, dos Chandler, dos Mungo Park, dos Humboldt..." (p. 19). De modo que essa obra, confessadamente sem finalidade, corresponde ao desejo contraditório de não falar senão de seu autor sem dizer nada disso a ninguém: "Contudo, é o homem muito mais que o autor, que veremos em toda parte; falo eternamente de mim, e o falava de consciência tranquila, já que não contava absolutamente com publicar minhas memórias" (p. 20). Os pontos de vista privilegiados pelo visitante e que o escritor descreve são evidentemente aqueles de onde se descobrem uma série de pontos notáveis ("...o monte Himete a leste, o Pentélico ao norte, o Parnés a noroeste..."), mas a contemplação termina significativamente no momento em que, voltando sobre si mesma e se tomando por objeto, parece dissolver-se na multidão incerta dos olhares passados e vindouros: "Aquele quadro da Ática, o espetáculo que eu contemplava, fora contemplado por olhos fechados há dois mil anos. Eu passarei, por minha vez; outros homens tão fugidios quanto eu virão fazer as mesmas reflexões sobre as mesmas ruínas..." (p. 153). O ponto de vista ideal, porque acrescenta à distância o efeito do movimento, é a ponte do navio que se afasta. A evocação da terra que desaparece basta para provocar aquela do passageiro que ainda procura enxergá-la: logo não passa de uma sombra, um rumor, um ruído. Essa abolição do lugar é também o cúmulo da viagem, a pose derradeira do viajante: "À medida que nos afastávamos, as colunas de Sunium pareciam mais belas acima das ondas: nós as enxergávamos perfeitamente sob o azul do céu, por causa de sua extrema brancura e da serenidade da noite. Já estávamos bem longe do cabo, e nosso ouvido ainda era atingido pelo marulho das ondas ao pé do rochedo, pelo murmúrio do vento nos zimbros, e pelo canto dos grilos que são hoje os únicos habitantes das ruínas do templo: esses foram os últimos ruídos que ouvi em terra grega" (p. 190).

O que quer que diga sobre isso ("Serei talvez o último francês saído do meu país para viajar pela Terra Santa com as ideias, a finalidade e os sentimentos de um antigo peregrino", p. 331), Chateaubriand não realiza uma peregrinação. O lugar memorável no qual termina a peregrinação é, por definição, sobrecarregado de sentido. O sentido que se vai buscar aí vale para hoje, como valia ontem, para cada peregrino. O itinerário que leva até ele, sinalizado por etapas e pontos fortes, compõe com ele um lugar "de sentido único", um "espaço", no sentido em que Michel de Certeau usa o termo. Alphonse Dupront observa que a própria travessia marítima tem, aí, um valor iniciático: "Assim, nos caminhos da peregrinação, desde que a travessia se impõe, uma descontinuidade e como que uma banalização da heroicidade. Terra e água bastante desigualmente ilustrativas e, sobretudo, com os percursos marítimos, uma ruptura imposta pelo mistério da água. Dados aparentes, por trás dos quais se dissimulava, mais profundamente — uma realidade que parece impor-se à intuição de alguns homens da Igreja, no início do século XII, aquela, pelo encaminhamento marítimo, da realização de um rito de passagem" (p. 31).

Com Chateaubriand, trata-se de algo completamente diferente; o objetivo final de sua viagem não é Jerusalém, mas a Espanha, onde ele vai ao encontro da amante (porém o *Itineráiro* não é uma confissão: Chateaubriand se cala e "mantém a pose"); os lugares santos, sobretudo, não o inspiram. Já se escreveu muito sobre eles: "... Aqui, sinto um certo acanhamento. Devo oferecer a pintura exata dos lugares santos? Mas então só posso repetir o que já se disse antes de mim: nunca um assunto foi, talvez, tão pouco conhecido pelos leitores modernos, e, todavia, nunca um assunto foi mais completamente esgotado. Devo omitir a parte mais essencial da minha viagem, e com isso fazer desaparecer o que é seu fim e meta?" (p. 308). Sem dúvida, também, em tais lugares, o cristão que ele quer ser não pode celebrar tão facilmente o desaparecimento de todas as coisas quanto diante da Ática ou da Lacedemônia. Então, descreve com aplicação, dá mostras de erudição, cita páginas inteiras de viajantes ou de poetas como Milton ou Tasso. Esquiva-se, e, dessa vez, é a abundância do verbo e dos documentos que permitiria definir os lugares santos de Chateaubriand como um não lugar muito próximo daqueles que nossos prospectos e guias põem em imagens e frases. Se voltarmos por um instante à análise da modernidade como coexistência desejada de mundos diferentes (a modernidade baudelairiana), constataremos que a experiência do não lugar como afastamento de si mesmo e colocação à distância simultânea do espectador e do espetáculo nem sempre está ausente disso. Starobinski, em seu comentário do primeiro poema dos *Tableaux parisiens*, insiste na coexistência dos dois mundos que a cidade moderna estabelece, chaminés e campanários confundidos, mas também situa a posição particular do poeta que deseja, em suma, ver as coisas do alto e de longe, e não pertence nem ao universo da religião nem ao do trabalho. Essa posição corresponde, para Starobinski, ao duplo aspecto da modernidade: "A perda do sujeito na multidão — ou, ao contrário, o poder absoluto, reivindicado pela consciência individual".

Mas pode-se também observar que a posição do poeta que olha é, em si, espetáculo. Nesse quadro parisiense, é Baudelaire que ocupa o primeiro lugar, aquele de onde ele enxerga a cidade, mas que um outro ele, à distância, constitui como objeto de "segunda vista":

O queixo apoiado nas mãos, do alto da minha mansarda,
Verei a oficina que canta e tagarela,
As chaminés, campanários...[*]

Assim, Baudelaire não poria simplesmente em cena a necessária coexistência da velha religião e da indústria nova ou o poder absoluto da consciência individual, mas uma forma muito particular e moderna de solidão. A evidenciação de uma posição, de uma "postura", de uma atitude, no sentido mais físico e mais banal do termo, efetua-se ao cabo de um movimento que esvazia de qualquer conteúdo e sentido a paisagem e o olhar que a tomava por objeto, visto que é precisamente o olhar que se funde na paisagem e se torna o objeto de um olhar segundo e indeterminável — o mesmo, um outro.

É a tais deslocamentos do olhar, a tais jogos de imagens, a tais desbastes da consciência que podem conduzir, a meu ver, mas dessa vez de maneira sistemática, generalizada e prosaica, as manifestações mais características do que propus chamar de "supermodernidade". Esta impõe, na verdade, às consciências individuais, novíssimas experiências e vivências de solidão, diretamente ligadas ao surgimento e à proliferação de não lugares. Mas, sem dúvida, seria útil, antes de passar ao exame do que são os não lugares da supermodernidade, evocar, ainda que de forma alusiva, a relação que mantinham com as noções de lugar e de espaço os representantes mais reconhecidos da "modernidade" em arte. Sabe-se que uma parte do interesse de

---

[*] No original: "Les deux mains au menton, du haut de ma mansarde,/Je verrai l'atelier qui chante et qui bavarde,/Les tuyaux, les clochers...". (N.T.)

Benjamin pelas "passagens" parisienses e, de modo mais geral, pela arquitetura de ferro e vidro, diz respeito ao fato de que ele pode aí discernir uma vontade de prefigurar o que será a arquitetura do século seguinte, um sonho ou uma antecipação. Podemos nos perguntar, do mesmo modo, se os representantes da modernidade de ontem, aos quais o espaço concreto do mundo ofereceu matéria para reflexão, não esclareceram por antecipação certos aspectos da supermodernidade de hoje, não pelo acaso de algumas intuições felizes, mas porque já encarnavam, excepcionalmente (como artistas), situações (posturas, atitudes) que passaram a ser, em modalidades mais prosaicas, um bem comum.

Vê-se bem que por "não lugar" designamos duas realidades complementares, porém, distintas: espaços constituídos em relação a certos fins (transporte, trânsito, comércio, lazer) e a relação que os indivíduos mantêm com esses espaços. Se as duas relações se correspondem de maneira bastante ampla e, em todo caso, oficialmente (os indivíduos viajam, compram, repousam), não se confundem, no entanto, pois os não lugares medeiam todo um conjunto de relações consigo e com os outros que só dizem respeito indiretamente a seus fins: assim como os lugares antropológicos criam um social orgânico, os não lugares criam tensão solitária. Como imaginar a análise durkeimiana de uma sala de espera de Roissy?

A mediação que estabelece o vínculo dos indivíduos com o seu círculo no espaço do não lugar passa por palavras, até mesmo por textos. Sabemos, antes de mais nada, que existem palavras que fazem imagem, ou melhor, imagens: a imaginação de cada um daqueles que nunca foram ao Taiti ou a Marrakesh pode se dar livre curso apenas ao ler ou ouvir esses nomes. Alguns concursos de televisão devem parte de seu prestígio ao fato de distribuírem muitos prêmios, principalmente em viagens e estadas ("uma semana para dois num hotel 3 estrelas no Marrocos", "15 dias com pensão completa na Flórida"), cuja simples evocação basta para o prazer dos espectadores que não são e nunca serão seus beneficiários. O "peso das palavras", do qual se orgulhava um semanário francês que o associa ao "choque das fotos" não é somente aquele dos nomes próprios; muitos substantivos (estada, viagem, mar, sol, cruzeiro...) possuem, quando se oferece a ocasião, em certos contextos, a mesma força de evocação. Imagina-se, em sentido inverso, a atração que puderam e podem exercer em lugares distantes palavras para nós menos exóticas, ou mesmo despidas de qualquer efeito de distância, como América, Europa, Ocidente, consumo, circulação. Certos lugares só existem pelas palavras que os evocam, não lugares nesse sentido ou, antes, lugares imaginários, utopias banais, clichês. Eles são o contrário do não lugar segundo Michel de Certeau, o contrário do *lugar-dito* (sobre o qual quase nunca se sabe quem o disse e o que diz). A palavra, aqui, não cava um fosso entre a funcionalidade cotidiana e o mito perdido: ela cria a imagem, produz o mito e, ao mesmo tempo, o faz funcionar (os telespectadores ficam fiéis ao programa, os albaneses acampam na Itália sonhando com a América, o turismo se desenvolve).

Porém, os não lugares reais da supermodernidade, aqueles que tomamos emprestados quando rodamos na autoestrada, fazemos compras no supermercado ou esperamos num aeroporto o próximo voo para Londres ou Marselha, têm isto de particular —

definem-se, também, pelas palavras ou textos que nos propõem: seu modo de usar, em suma, que se exprime, conforme o caso, de maneira prescritiva ("pegar a fila da direita"), proibitiva ("proibido fumar") ou informativa ("você está entrando no Beaujolais") e que recorre tanto a ideogramas mais ou menos explícitos e codificados (os do código da estrada ou dos guias turísticos) quanto à língua natural. Assim, são instaladas as condições de circulação em espaços onde se supõe que os indivíduos só interajam com textos, sem outros enunciantes que não pessoas "morais" ou instituições (aeroportos, companhias aéreas, Ministério dos Transportes, sociedades comerciais, polícia rodoviária, municípios), cuja presença se adivinha vagamente ou se afirma mais explicitamente ("o Conselho Geral financia este trecho da estrada", "o Estado está trabalhando para melhorar suas condições de vida"), por trás das injunções, dos conselhos, dos comentários, das "mensagens" transmitidas pelos inúmeros "suportes" (painéis, telas, cartazes) que são parte integrante da paisagem contemporânea.

As rodovias francesas foram bem desenhadas e revelam paisagens às vezes quase aéreas, muito diferentes daquelas que pode ver o viajante que pega estradas nacionais ou departamentais. Com elas, passamos do filme intimista para os grandes horizontes dos faroestes. Mas são textos disseminados pelo percurso que dizem a paisagem e explicitam suas belezas secretas. Não se atravessa mais as cidades, mas os pontos notáveis são sinalizados por painéis em que está inscrito um verdadeiro comentário. O viajante fica, de certo modo, dispensado de parar e até mesmo de olhar. Assim, pede-se a ele, na autoestrada do sul, que dispense alguma atenção a certa aldeia fortificada do século XIII ou a certo famoso vinhedo, em Vézelay, "colina eterna", ou ainda às paisagens do Avallonnais ou do próprio Cézanne (retorno da cultura a uma natureza ela mesma furtada, mas sempre comentada). A paisagem fica à distância e seus detalhes arquitetônicos ou naturais são a oportunidade de um texto, às vezes ornamentado por um desenho esquemático, quando parece que o viajante de passagem não está, na realidade, em situação de ver o ponto notável sinalizado à sua atenção e encontra-se, a partir desse momento, condenado a extrair prazer apenas do conhecimento de sua proximidade.

O percurso rodoviário é, portanto, duplamente notável: ele evita, por necessidade funcional, todos os lugares memoráveis dos quais nos aproxima; mas os comenta; os postos de serviço somam-se a essa informação e se dão, cada vez mais, ares de casas da cultura regional, propondo alguns produtos locais, mapas e guias que poderiam ser úteis a quem parasse ali. Mas justamente a maioria daqueles que passam não param; eles passam de novo, eventualmente, todo verão ou várias vezes ao ano; de modo que o espaço abstrato que são regularmente levados a ler mais do que a olhar torna-se, a longo prazo, familiar para eles, como se tornam familiares, para outros mais afortunados, o vendedor de orquídeas do aeroporto de Bangcoc ou o *duty-free* de Roissy I.

Há uns 30 anos, na França, as estradas nacionais, as departamentais e as vias férreas penetravam na intimidade da vida cotidiana. O percurso rodoviário e o percurso ferroviário se opunham, desse ponto de vista, como o lugar e o contrário, e essa oposição continua parcialmente atual para quem se limita, hoje, à frequência das estradas departamentais e dos transportes ferroviários que não o TGV, até mesmo das linhas regionais, quando elas ainda existem, visto que significativamente são os serviços *locais*, as vias de interesse *local* que desaparecem. As estradas departamentais, muitas vezes condenadas, hoje, a contornar as aglomerações, transformavam-se recentemente, de forma regular, em ruas de cidade ou de aldeia, ladeadas pelas fachadas das casas. Antes das 8 horas da manhã, depois das 7 horas da noite, o viajante ao volante atravessava um deserto de fachadas cerradas (janelas fechadas, luzes filtradas pelas persianas, ou ausentes, já que os quartos e salas de estar dão com frequência para os fundos): ele era testemunha da imagem digna e compassada que os franceses gostam de dar de si mesmos, que cada francês gosta de dar para seus vizinhos. O motorista de passagem observava alguma coisa das cidades que se tornaram hoje nomes num itinerário (La Ferté-Bernard, Nogent-le-Rotrou); os textos que por ventura ele decifrasse (placas das lojas da cidade, editais municipais) graças a um sinal vermelho ou a uma diminuição de velocidade que não lhe eram prioritariamente destinados. O trem, por sua vez, era mais discreto e continua a sê-lo. A via férrea, muitas vezes traçada por trás das casas que constituem a aglomeração, surpreende os habitantes da província na intimidade de sua vida cotidiana, não mais do lado da fachada, mas do lado do jardim, da cozinha ou do quarto e, à noite, do lado da luz, enquanto, se não houvesse iluminação pública, a rua seria o domínio da sombra e da noite. E o trem, recentemente, não era tão rápido que impedisse o viajante curioso de decifrar, ao passar, o nome da estação — o que a excessiva velocidade dos trens atuais proíbe, como se certos textos tivessem ficado, para o passageiro de hoje, obsoletos. São-lhe propostos outros textos: no "trem-avião" que é um pouco o TGV, ele pode consultar uma revista bastante parecida com aquelas que as companhias aéreas põem à disposição de sua clientela — ela lhe lembra, por meio de reportagens, fotografias e propagandas, a necessidade de viver na escala (ou na imagem) do mundo hodierno.

Outro exemplo de invasão do espaço pelo texto: as grandes superfícies nas quais o cliente circula silenciosamente, consulta as etiquetas, pesa legumes ou frutas numa máquina que lhe indica, com o peso, o preço, e depois estende o cartão de crédito a uma jovem também silenciosa, ou pouco loquaz, que submete cada artigo ao registro de uma máquina decodificadora, antes de verificar o bom funcionamento do cartão de banco. Diálogo mais direto, porém, ainda silencioso: o que cada titular de um cartão de banco mantém com a máquina distribuidora na qual ele o insere e em cuja tela são-lhe transmitidas instruções, geralmente estimulantes, mas que por vezes constituem verdadeiras invocações à ordem ("Cartão mal introduzido", "Retire seu cartão", "Leia atentamente as instruções"). Todas as interpelações que emanam de nossas estradas, centros comerciais ou vanguardas do sistema na esquina de nossas ruas visam simultânea e indiferentemente a cada um de nós ("Obrigado por sua visita", "Boa viagem", "Grato por sua confiança"), qualquer um de nós: elas fabricam o "homem médio", definido como usuário do sistema rodoviário, comercial ou bancário. Elas o fabricam e eventualmente o individualizam: em certas estradas e autoestradas, o aviso repentino de um painel luminoso (110! 110!)

chama à ordem o motorista muito apressado; em certos cruzamentos parisienses, a travessia de um farol vermelho é automaticamente registrada e o carro do culpado identificado por foto. Todo cartão de banco traz um código de identificação que permite à máquina distribuidora fornecer informações a seu titular, ao mesmo tempo que uma lembrança das regras do jogo: "Você pode retirar 600 francos". Enquanto a identidade de uns e outros é que constituía o "lugar antropológico", por meio das conivências da linguagem, dos sinais da paisagem, das regras não formuladas do bem-viver, é o não lugar que cria a identidade partilhada dos passageiros, da clientela ou dos motoristas "domingueiros". Sem dúvida, mesmo, o relativo anonimato que diz respeito a cada identidade provisória pode ser sentido como uma libertação por aqueles que, por um tempo, não têm mais que manter seu nível, ficar no seu lugar, cuidar da aparência. *Duty-free*: apenas declinada sua identidade pessoal (a do passaporte ou da carteira de identidade), o passageiro de um voo próximo se atira no espaço "livre de taxas", liberado ele mesmo do peso das bagagens e das cargas do cotidiano, menos para comprar por um preço melhor, talvez, que para sentir a realidade de sua disponibilidade do momento, sua irrecusável qualidade de passageiro em instância de partida.

Sozinho, mas semelhante aos outros, o usuário do não lugar está com este (ou com os poderes que o governam) em relação contratual. A existência desse contrato lhe é lembrada na oportunidade (o modo de uso do não lugar é um dos elementos do contrato): a passagem que ele comprou, o cartão que deverá apresentar no pedágio, ou mesmo o carrinho que empurra nos corredores do supermercado são a marca mais ou menos forte desse contrato. O contrato sempre tem relação com a identidade individual daquele que o subscreve. Para ter acesso às salas de embarque de um aeroporto, é preciso, antes, apresentar a passagem ao *check-in* (o nome do passageiro está inscrito nela); a apresentação simultânea, ao controle de polícia, do visto de embarque e de algum documento de identificação fornece a prova de que o contrato foi respeitado: as exigências dos diferentes países são diferentes quanto a isso (carteira de identidade, passaporte, passaporte e visto) e é desde a partida que nos asseguramos de que isso foi levado em consideração. O passageiro só conquista, então, seu anonimato após ter fornecido a prova de sua identidade, de certo modo, assinado o contrato. O cliente do supermercado, se paga com cheque ou com o cartão do banco, também declina sua identidade, assim como o usuário da autoestrada. De certo modo, o usuário do não lugar é sempre obrigado a provar sua inocência. O controle *a priori* ou *a posteriori* da identidade e do contrato coloca o espaço do consumo contemporâneo sob o signo do não lugar: só se tem acesso a ele se inocente. As palavras aqui quase não funcionam mais. Não existe individualização (de direito ao anonimato) sem controle de identidade.

É bom que se entenda que os critérios da inocência são os critérios convencionados e oficiais da identidade individual (os que figuram nos cartões e que registram misteriosos fichários). Mas a inocência é ainda outra coisa: o espaço do não lugar liberta de suas determinações habituais quem nele penetra. Ele não é mais do que aquilo que faz ou vive como passageiro, cliente, chofer. Talvez ele ainda esteja cheio das preocupações da véspera, já preocupado com o dia seguinte, mas seu ambiente do momento o afasta provisoriamente disso. Objeto de uma suave possessão, à qual se abandona com mais ou menos talento ou convicção, como qualquer possuído, saboreia por um tempo as alegrias passivas da desidentificação e o prazer mais ativo da interpretação do papel.

É com uma imagem de si mesmo que ele se acha confrontado definitivamente, mas uma estranhíssima imagem, na verdade. O único rosto que se esboça, a única voz que toma corpo, no diálogo silencioso que ele prossegue com a paisagem-texto que se dirige a ele como aos outros, são os seus — rosto e voz de uma solidão ainda mais desconcertante porque evoca milhões de outras. O passageiro dos não lugares só reencontra sua identidade no controle da alfândega, no pedágio ou na caixa registradora. Esperando, obedece ao mesmo código que os outros, registra as mesmas mensagens, responde às mesmas solicitações. O espaço do não lugar não cria nem identidade singular nem relação, mas sim solidão e similitude.

Ele também não concede espaço à história, eventualmente transformada em elemento de espetáculo, isto é, na maior parte das vezes, em textos alusivos. A atualidade e a urgência do momento presente reinam neles. Como os não lugares se percorrem, eles se medem em unidades de tempo. Os itinerários não funcionam sem horários, sem quadros de chegada ou de partida, que sempre concedem um lugar à menção dos atrasos eventuais. Eles se vivem no presente. Presente do percurso, que se materializa, hoje, nos voos de longo curso, numa tela onde se inscreve a todo instante a progressão do aparelho. Em caso de necessidade, o comandante de bordo o explicita de maneira meio redundante: "À direita do aparelho, vocês podem ver a cidade de Lisboa". Não se enxerga nada, na verdade: o espetáculo, mais uma vez, não passa de uma ideia, de uma palavra. Na autoestrada, alguns painéis luminosos dão a temperatura do momento e as informações úteis à prática do espaço: "Na A3, congestionamento de dois quilômetros". Presente da atualidade em sentido lato: no avião, os jornais são lidos e relidos; várias companhias asseguram mesmo a retransmissão dos telejornais. A maioria dos carros é equipada com rádio. O rádio funciona de maneira ininterrupta nos postos de serviço ou nos supermercados: a lenga-lenga do dia, as propagandas, algumas notícias são propostas, impostas aos clientes de passagem. No total, tudo se passa como se o espaço fosse retomado pelo tempo, como se não houvesse outra história senão as notícias do dia ou da véspera, como se cada história individual buscasse seus motivos, palavras e imagens no estoque inesgotável de uma inexaurível história no presente.

Assaltado pelas imagens que difundem, de maneira superabundante, as instituições do comércio, dos transportes ou da venda, o passageiro dos não lugares faz a experiência simultânea do presente perpétuo e do encontro de si. Encontro, identificação, imagem: aquele quarentão elegante que parece saborear felicidades inefáveis sob o olhar atento de uma aeromoça loira, é ele; aquele piloto de olhar resoluto que lança seu turbo-diesel em sabe-se lá que pista africana, é ele; aquele homem de face viril, que uma mulher contempla amorosamente porque ele usa uma água de toalete de perfume selvagem, ainda é ele. Se esses convites à identificação são essencialmente masculinos, é porque o ideal do eu que eles difundem é, na verdade, masculino e, no momento, uma mulher de negócios ou uma motorista digna de crédito são representadas como que possuindo qualidades "masculinas". O tom muda, naturalmente, e as imagens também, nos não lugares menos prestigiosos que são os supermercados, frequentados majoritariamente por mulheres. O tema da igualdade (até mesmo, em última instância, da indistinção) dos sexos é aí abordado de maneira simétrica e inversa: os novos pais, lê-se às vezes nas revistas "femininas", interessam-se pela manutenção da organização doméstica e pela troca de fraldas dos bebês. Mas também se percebe nos supermercados o rumor do prestígio contemporâneo: mídias, estrelas, atualidade, pois o mais notável, no total, continua a ser o que poderíamos chamar de "participações cruzadas" dos aparelhos publicitários.

As rádios privadas fazem propaganda das lojas de departamentos; as lojas de departamentos fazem propaganda das rádios privadas. Os postos de gasolina das férias oferecem viagens para a América e o rádio nos informa disso. As revistas das companhias aéreas fazem propaganda dos hotéis, que fazem propaganda das companhias aéreas — o interessante sendo que todos os consumidores de espaço acham-se, assim, presos nas ressonâncias e nas imagens de uma espécie de cosmologia objetivamente universal, simultaneamente familiar e prestigiosa, diversa das ressonâncias e imagens que os etnólogos estudavam tradicionalmente. Disso resultam pelo menos duas coisas. Por um lado, essas imagens tendem a constituir um sistema; elas esboçam um mundo de consumo que todo indivíduo pode fazer seu porque é nele incessantemente interpelado. A tentação do narcisismo é, aqui, ainda mais fascinante, porque parece expressar a lei comum: fazer como os outros para ser você mesmo. Por outro lado, como todas as cosmologias, a nova cosmologia produz efeitos de reconhecimento. Paradoxo do não lugar: o estrangeiro perdido num país que não conhece (o estrangeiro "de passagem") só consegue se encontrar no anonimato das autoestradas, dos postos de gasolina, das lojas de departamento ou das cadeias de hotéis. O *outdoor* de uma marca de gasolina constitui para ele um sinal tranquilizador, e ele encontra com alívio nas gôndolas do supermercado os produtos de limpeza, domésticos ou alimentares consagrados pelas firmas multinacionais. Inversamente, os países do Leste conservam um certo exotismo, por ainda não possuírem todos os meios de ir ao encontro do espaço mundial do consumo.

Na realidade concreta do mundo de hoje, os lugares e os espaços, os lugares e os não lugares misturam-se, interpenetram-se. A possibilidade do não lugar nunca está ausente de qualquer lugar que seja. A volta ao lugar é o recurso de quem frequenta os não lugares (e que sonha, por exemplo, com uma residência secundária enraizada nas profundezas da terra). Lugares e não lugares se opõem (ou se atraem), como as palavras e as noções que permitem descrevê-las. Porém, as palavras em moda — as que não tinham direito à existência há uns 30 anos — são as do não lugar. Assim, podemos opor as realidades do *trânsito* (os campos de trânsito ou os passageiros em trânsito) àquelas da residência ou do domicílio, o *trevo* (onde a gente não se cruza) ao *cruzamento* (onde a gente se encontra), o *passageiro* (que define sua *destinação*) ao *viajante* (que flana a *caminho*) — significativamente, aqueles que ainda são viajantes para a SNCF tornam-se passageiros quando tomam o TGV —, o *conjunto* ("grupo de habitações novas", para o dicionário Larousse), onde não se vive junto e que nunca se situa no centro de nada (grandes conjuntos: símbolo das zonas ditas periféricas), ao *monumento*, onde compartilhamos e comemoramos, a *comunicação* (seus códigos, suas imagens, suas estratégias) à *língua* (que se fala).

O vocabulário, aqui, é essencial, pois tece a trama dos hábitos, educa o olhar, informa a paisagem. Voltamos por um momento à definição que propõe Vincent Descombes da noção de "país retórico", fundamentando-se em uma análise da "filosofia", ou melhor, da "cosmologia" de Combray: "Onde o personagem está em casa? A questão diz respeito menos ao território geográfico do que ao território retórico (tomando a palavra *retórico* no sentido clássico, sentido definido por *atos retóricos* como a peroração, a acusação, o elogio, a censura, a recomendação, a advertência etc.). O personagem está em casa quando fica à vontade na retórica das pessoas com as quais compartilha a vida. O sinal de que se está em casa é que se consegue se fazer entender sem muito problema, e ao mesmo tempo se consegue entrar na razão de seus interlocutores, sem precisar de longas explicações. O país retórico de um personagem para onde seus interlocutores não compreendem mais as razões que ele dá de seus fatos e gestos, nem as queixas que ele formula ou as admirações que manifesta. Uma perturbação de comunicação retórica manifesta a passagem de uma fronteira, que é preciso, é claro, ser representada como uma zona fronteiriça, um limite, mais do que como uma linha bem traçada" (p. 179).

Se Descombes tem razão, deve-se concluir disso que, no mundo da supermodernidade, sempre se está e nunca se está "em casa": as zonas fronteiriças ou os "limites" de que ele fala nunca mais introduzem a mundos totalmente estrangeiros. A supermodernidade (que procede simultaneamente das três figuras do excesso que são a superabundância factual, a superabundância espacial e a individualização das referências) encontra naturalmente sua expressão completa nos não lugares. Por estes, ao contrário, transitam palavras e imagens que retomam raiz nos lugares ainda diversos onde os homens tentam construir uma parte de sua vida cotidiana. Acontece, inversamente, que o não lugar toma emprestadas do terreno as suas palavras, como se vê nas autoestradas, onde as "áreas de repouso" — o termo "área" sendo verdadeiramente o mais neutro possível, o mais afastado do lugar e do não lugar — são, às vezes, designadas por referência a algum atributo particular e misterioso do terreno próximo: área do Hibou, área do Gîte-aux-Loups, área da Combe-Tourmente, área das Croquettes. Vivemos, portanto, num mundo onde o que os etnólogos chamavam tradicionalmente de "contato cultural" se tornou um fenômeno geral. A primeira dificuldade de uma etnologia do "aqui" é que ela sempre trata com o "distante", sem que o estatuto desse "distante" possa ser constituído como objeto singular e distinto (exótico). A linguagem comprova essas impregnações múltiplas. O recurso ao *basic english* das tecnologias da comunicação ou do *marketing* é revelador a este respeito: ele marca menos o triunfo de uma linguagem sobre as outras do que a invasão de todas as línguas por um vocabulário de recepção universal. A necessidade desse vocabulário generalizado é que é significativa, mais do que o fato de que ele seja inglês. O enfraquecimento linguístico (se chamarmos assim a baixa competência semântica e sintática na prática média das línguas faladas) é mais imputável a essa generalização que à contaminação e à subversão de uma língua por uma outra.

Vê-se bem, a partir de então, o que distingue a supermodernidade da modernidade tal como a define Starobinski por meio de Baudelaire. A supermodernidade não é o todo da contemporaneidade. Na modernidade da paisagem baudelairiana, ao contrário, tudo se mistura, tudo se mantém: os campanários e as chaminés são os "donos da cidade". O que o espectador da modernidade contempla é a imbricação do antigo e do novo. A supermodernidade faz do antigo (da história) um espetáculo específico — como de todos os exotismos e particularismos locais. A história e o exotismo representam, aí, o mesmo papel que as "citações" no texto escrito — estatuto que se exprime às mil maravilhas nos catálogos editados pelas agências de viagens. Nos não lugares da supermodernidade, sempre há um lugar específico (na vitrine, no cartaz, à direita do aparelho, à esquerda da autoestrada) para "curiosidades" apresentadas como tais — abacaxis da Costa do Marfim; Veneza, cidade dos Doges; a cidade de Tânger; o sítio de Alésia. Mas eles não operam nenhuma síntese, não integram nada, só autorizam, no tempo de um percurso, a coexistência de individualidades distintas, semelhantes e indiferentes umas às outras. Se os não lugares são o espaço da supermodernidade, esta não pode, portanto, pretender as mesmas ambições que a modernidade. A partir do momento que os indivíduos se aproximam, fazem o social e põem ordem nos lugares. O espaço da supermodernidade é trabalhado por esta contradição: ele só trata com indivíduos (clientes, passageiros, usuários, ouvintes), mas eles só são identificados, socializados e localizados (nome, profissão, local de nascimento, endereço) na entrada ou na saída. Se os não lugares são o espaço da supermodernidade, é preciso explicar este paradoxo: o jogo social parece acontecer mais noutros lugares do que nos postos avançados da contemporaneidade. É à maneira de um imenso parêntese que os não lugares recebem indivíduos a cada dia mais numerosos. Por isso, eles são particularmente visados por todos aqueles que levam até o terrorismo sua paixão pelo território a ser preservado ou conquistado. Se os aeroportos e os aviões, as lojas de departamentos e as garagens sempre foram o alvo privilegiado dos atentados (para não falar dos carros-bomba), é sem dúvida por razões de eficácia, se é que se pode usar essa palavra. Mas talvez seja também porque, mais ou menos confusamente, os que reivindicam socializações e novas localizações só podem ver nisso a negação de seu ideal. O não lugar é o contrário da utopia: ele existe e não abriga nenhuma sociedade orgânica.

Encontramos, nesse ponto, uma questão que já aflorou anteriormente: a do político. Num artigo dedicado à cidade,[1] Sylviane Agacinski lembra o que foram o ideal e a exigência do convencional Anacharsis Cloots. Hostil a qualquer poder "incorporado", ele exige a morte do rei. Toda localização do poder, toda soberania singular, mesmo a divisão da humanidade em povos, pareciam-lhe incompatíveis com a indivisível soberania do gênero humano. Nessa

---

1. "La ville inquiéte", *in Le Temps de la Réflexion*, 1987.

perspectiva, a capital, Paris, só é um lugar privilegiado na medida em que se privilegia "um pensamento desenraizado, desterritorializado": "O paradoxo do centro dessa humanidade abstrata, universal — e talvez não simplesmente *burguesa* —, escreve Agacinski, é que ele é também um não lugar, uma parte alguma, um pouco aquilo que Michel Foucault, sem incluir aí a cidade, chamava de "heterotopia" (pp. 204-205). É bem certo que, hoje, é em escala mundial que se manifesta a tensão entre pensamento universal e pensamento da territorialidade. Não abordamos, aqui, o estudo disso senão por um de seus aspectos, a partir da constatação de que uma parte crescente da humanidade vive, pelo menos em tempo parcial, fora de território, e que, por conseguinte, as próprias condições de definição do empírico e do abstrato estão se mexendo sob o efeito da tríplice aceleração da supermodernidade.

O "fora de lugar" ou o "não lugar" que o indivíduo da supermodernidade frequenta não é o "não lugar" do poder, em que se estabelece a dupla e contraditória necessidade de pensar e de situar o universal, de anular e de fundar o local, de afirmar e de recusar a origem. Essa parte impensável do poder que sempre fundamentou a ordem social, se necessário invertendo, como que pelo arbítrio de um fato natural, os termos que servem para pensá-lo, encontra sem dúvida uma expressão particular na vontade revolucionária de pensar ao mesmo tempo o universal e a autoridade, de recusar ao mesmo tempo o despotismo e a anarquia, mas ela é mais geralmente constitutiva de toda ordem localizada que, por definição, deve elaborar uma expressão espacializada da autoridade. A pressão que pesa sobre o pensamento de Anacharsis Cloots (o que permite, quando há oportunidade, ressaltar sua "ingenuidade"), é que ele vê o mundo como um lugar — lugar do gênero humano, certamente, mas que passa pela organização de um espaço e pelo reconhecimento de um centro. Aliás, é bastante significativo que, quando se fala hoje em Europa dos Doze ou em Nova Ordem Mundial, a questão que se coloca imediatamente seja ainda a da localização do verdadeiro centro de uma ou de outra: Bruxelas (para não falar em Estrasburgo) ou Bonn (para não falar em Berlim)? Nova York e a sede da ONU, ou Washington e o Pentágono? O pensamento do lugar está sempre em nós e a "ressurgência" dos nacionalismos, que lhe confere uma nova atualidade, poderia passar por uma "volta" à localização da qual o Império, como pretendida prefiguração do gênero humano vindouro, poderia parecer haver-se afastado. Porém, na verdade, a linguagem do Império era a mesma que a das nações que o rejeitam, talvez porque o antigo Império, assim como as novas nações, devam conquistar sua modernidade antes de passarem para a supermodernidade. O Império, pensado como universo "totalitário", nunca é um não lugar. A imagem a ele associada é, ao contrário, a de um universo onde ninguém nunca está sozinho, onde todo mundo está sob controle imediato, onde o passado como tal é rejeitado (faz-se dele tábula rasa). O Império, como o mundo de Orwell ou o de Kafka, não é pré-moderno mas sim "paramoderno"; fracasso da modernidade, não é, em caso algum, seu futuro e não provém de nenhuma das três figuras da supermodernidade que tentamos evidenciar. Ele é mesmo, muito estritamente, o negativo delas. Insensível à aceleração da história, ele a reescreve; preserva seus residentes (estrangeiros) do sentimento de retraimento do espaço limitando a liberdade de circulação e de informação; por isso mesmo (e como aparece em suas reações crispadas às iniciativas tomadas a favor do respeito aos direitos humanos), ele afasta de sua ideologia a referência individual e assume o risco de projetá-la para fora de suas fronteiras — figura furta-cor do mal absoluto ou da sedução suprema. É claro que, primeiro, pensa-se no que foi a União Soviética, mas existem outros Impérios, grandes ou pequenos, e a tentação que certos políticos têm, às vezes, de pensar que a instituição do partido único e do executivo soberano constitui um antecedente necessário à democracia, na África ou na Ásia, provém estranhamente dos esquemas de pensamento cujo arcaísmo e cujo caráter intrinsecamente perverso eles denunciam quando se trata do Leste europeu. Na coexistência dos lugares e não lugares, o obstáculo será sempre político. Sem dúvida, os países do Leste, e outros, encontrarão seu espaço nas redes mundiais da circulação e do consumo. Porém, a extensão dos não lugares que correspondem a eles — não lugares empiricamente enumeráveis e analisáveis cuja definição é, antes de mais nada, econômica — já acelerou a reflexão dos políticos que só se perguntam, cada vez mais, para onde estão indo, porque sabem, cada vez menos, onde estão.

EPÍLOGO

Quando um voo internacional sobrevoa a Arábia Saudita, a aeromoça anuncia que enquanto durar esse sobrevoo o consumo de álcool será proibido no avião. A intrusão do território no espaço fica assim expressa. Terra = sociedade = nação = cultura = religião: a equação do lugar antropológico se reinscreve fugidiamente no espaço.

Encontrar o não lugar do espaço, um pouco mais tarde, escapar à opressão totalitária do lugar, será encontrar algo que se assemelha à liberdade.

Um autor britânico de grande talento, David Lodge, publicou recentemente uma versão moderna da busca do Graal que o situa com eficiente humor no mundo cosmopolita, internacional e estreito da pesquisa semiolinguística universitária.[1] O humor, nesse caso, tem

---

1. David Lodge, *Small world*, Penguin Books, 1985.

valor sociológico: o mundo universitário de *Small world* não é senão uma das "redes" sociais que se estendem hoje em todo o planeta, oferecendo a individualidades diversas a oportunidade de percursos singulares, mas estranhamente semelhantes. A aventura da cavalaria andante, afinal, não era outra coisa, e a errança individual, na realidade de hoje como nos mitos de ontem, continua a ser portadora de expectativa, quando não de esperança.

A etnologia sempre tratou de pelo menos dois espaços: o do lugar que ela estuda (uma aldeia, uma empresa) e aquele, mais amplo, onde este lugar se insere e de onde se exercem influências e opressões que não deixam de surtir efeito no jogo interno das relações locais (a etnia, o reino, o Estado). O etnólogo é, assim, condenado ao estrabismo metodológico: não deve perder de vista nem o lugar imediato da sua observação nem as fronteiras pertinentes de seus limites exteriores.

Na situação de supermodernidade, uma parte desse exterior é feita de não lugares e uma parte desses não lugares, de imagens. A frequência dos não lugares, hoje, é a oportunidade de uma experiência sem verdadeiro precedente histórico de individualidade solitária e de mediação não humana (basta um cartaz ou uma tela) entre o indivíduo e o poder público.

Ver nesse jogo de imagens apenas uma ilusão (uma forma pós-moderna de alienação) seria um erro. A análise de suas determinações nunca esgotou a realidade de um fenômeno. O que é significativo na experiência do não lugar é sua força de atração, inversamente proporcional à atração territorial, ao peso do lugar e da tradição. A invasão de motoristas na estrada do fim de semana ou das férias, as dificuldades dos controladores de tráfego em dominar o congestionamento das vias aéreas, o sucesso das novas formas de distribuição certamente comprovam isso. Mas também fenômenos que, à primeira vista, poderiam ser imputados à preocupação de defender os valores territoriais ou de encontrar as identidades patrimoniais. Se os imigrantes inquietam tanto (e muitas vezes de maneira tão abstrata) as pessoas instaladas, talvez seja, em primeiro lugar, porque eles lhes demonstram a relatividade das certezas inscritas no solo: é o emigrante que os inquieta e fascina, ao mesmo tempo, no personagem do imigrante. Se somos obrigados, diante do espetáculo da Europa contemporânea, a evocar a "volta" dos nacionalismos, talvez devêssemos estar atentos a tudo o que, nessa "volta", participa primeiro da rejeição da ordem coletiva: o modelo identitário nacional está evidentemente disponível para dar forma a essa rejeição, mas é a imagem individual (a imagem do livre percurso individual) que lhe confere sentido e o anima hoje como pode enfraquecê-lo amanhã.

Em suas modalidades modestas, como em suas expressões luxuosas, a experiência do não lugar (indissociável de uma percepção mais ou menos clara da aceleração da história e da redução do planeta) é hoje um componente essencial de toda existência social. Daí o caráter particularíssimo e, no total, paradoxal daquilo que, às vezes, considera-se no Ocidente como a moda de voltar-se para si mesmo, o "cocooning": nunca as histórias individuais (pelo fato de sua necessária relação com o espaço, a imagem e o consumo) foram também tomadas dentro da história geral, da história simplesmente. Baseando-se nisso, todas as atitudes individuais são concebíveis: a fuga (para casa, para longe), o medo (de si, dos outros), mas também a intensidade da experiência (o desempenho) ou a revolta (contra os valores estabelecidos). Não há mais análise social que possa fazer economia dos indivíduos, nem análise dos indivíduos que possa ignorar os espaços por onde eles transitam.

Um dia, talvez, virá um sinal de outro planeta. E, por um efeito de solidariedade, cujos mecanismos o etnólogo estudou em pequena escala, o conjunto do espaço terrestre passará a ser um lugar. Ser terráqueo significará alguma coisa. Enquanto se espera, não é certo que as ameaças que pesam sobre o meio ambiente bastem para isso. É no anonimato do não lugar que se experimenta solitariamente a comunhão dos destinos humanos.

Haverá, portanto, espaço amanhã, talvez já haja espaço hoje, apesar da aparente contradição dos termos, para uma etnologia da solidão.

ALGUMAS REFERÊNCIAS

CERTEAU, Michel de. *L'invention du quotidien. 1. Arts de faire.* Gallimard, "Folio — Essais", 1990.

CHATEAUBRIAND. *Itinéraire de Paris à Jérusalem.* Referências feitas à edição de 1964, Julliard.

DESCOMBES, Vincent. *Proust, philosophie du roman.* Editions de Minuit, 1987.

DUMONT, Louis. *La tarasque.* Gallimard, 1987.

DUPRONT, Alphonse. *Du sacré.* Gallimard, 1987.

FURET, François. *Penser la révolution.* Gallimard, 1978.

HAZARD, Paul, *La crise de la conscience européenne, 1680-1715.* Arthème Fayard, 1961.

MAUSS, Marcel. *Sociologie et anthropologie.* PUF, 1966.

STAROBINSKI, Jean. *L'autre et le semblable. Regards sur l'ethnologie des sociétés contemporaines*, textos reunidos e introduzidos por Martine Segalen, Presses du CNRS, 1989.

_____. *"Les cheminées et le clochers", Magazine littéraire*, n. 280, setembro de 1990.

Especificações técnicas

Fonte: BookmanITC Lt BT 10 p
Entrelinha: 17 p
Papel (miolo): Offset 75 g
Papel (capa): Cartão 250 g
Impressão e acabamento: Paym